EXEMPLA 16

Lateinische Texte

Herausgegeben von Hans-Joachim Glücklich

Römischer Alltag

Texte zum Leben in der römischen Welt

Bearbeitet
von

Hubert Müller

Vandenhoeck & Ruprecht

Neue Recht-schreibung

ab Mittelstufe

ISBN 3-525-71618-4

 Satz: Schwarz auf Weiß GmbH, Magdeburg. Druck und Bindung: Hubert & Co., Göttingen

Gedruckt auf chlorfrei gebleichtem Papier.

Inhalt

Einleitung

Zugang zum Thema

Was machten die Römerinnen und Römer eigentlich den ganzen Tag?
Wann standen sie auf?
Was haben sie gegessen?
Wie erzogen sie ihre Kinder?
Wie lebten die Sklaven?
Welche Berufe lernten sie?
Wie verbrachten sie ihre Freizeit?
Wo gingen sie aufs Klo?
Wie lebten römische Frauen?
Wie lebte man in der Stadt Rom, wie auf dem Land?
Was konnte man in den Thermen außer Baden noch machen?

Diese Fragen fielen Schülerinnen und Schüler einer 10. Klasse spontan zum Thema »Alltagsleben« ein. Damit sind schon viele wesentliche Bereiche des Alltags angesprochen.
Weil das Leben eines Menschen nun einmal zum größten Teil aus »Alltag« besteht, ist das Thema nur schwer einzugrenzen. Die hier angebotene Textauswahl soll in Ausschnitten Alltagsleben lebendig vor Augen führen, sodass das Lebensgefühl der Römer nachempfunden werden kann.
Es fällt nicht leicht, die oben genannten Fragen mit wenigen Sätzen zu beantworten. Eigentlich müsste jeder Antwortsatz mit »Es kommt darauf an ...« eingeleitet werden: Es kommt darauf an, ob jemand als Sklave oder Freier, als Armer oder Reicher, als Stadtrömer oder Landbewohner, als Mann oder Frau, im 2. Jahrhundert vor Christus oder im 2. Jahrhundert nach Christus, in Italien oder in einer fernen Provinz usw. lebte. Alle diese Aspekte sind bei der Interpretation der Texte zu berücksichtigen. Kein römischer Autor schrieb für die Nachwelt ein Buch mit dem Titel »Römischer Alltag«, sondern wir müssen bei vielen Autoren aus verschiedenen Jahrhunderten die Textstellen, aus denen Informationen über den Alltag zu gewinnen sind, suchen.
Oft mag das alltägliche Leben der Römerinnen und Römer vertraut erscheinen, manches wird befremden, ja sogar abstoßen. Die Textauswahl will aufzeigen, was den Römerinnen und Römern zu den 50, 60 oder 70 Jahren menschlichen Lebens eingefallen ist, und wird vielleicht das eine oder andere Problem, das wir in der modernen Welt als bedrückend ansehen, relativieren, oder umgekehrt: uns auf das eine oder andere, das die Römer anders, manchmal sogar besser gelöst haben, hinweisen.

Hinweise zur Benutzung der Textausgabe

Alle Vokabeln, die nicht zum Grundwortschatz der Wortkunden und Lehrbuchvokabularien gehören, werden jeweils unter den Texten aufgeführt; dabei ist die jeweils an dieser Stelle passende Bedeutung angegeben. Wichtige Vokabeln aus dem Bereich des Alltagslebens sowie Wörter, die mehrfach in der Textauswahl vorkommen, sind in den Lernwortschatz aufgenommen; darauf wird bei den einzelnen Texten verwiesen. Arbeitsaufträge dienen der sprachlichen, stilistischen und inhaltlichen Erschließung der Texte.
»Alltagsleben« lässt sich kaum in genau abgegrenzte Kapitel untergliedern; immer greifen verschiedene Aspekte ineinander. Die Texte sind einzelnen Themen zugeordnet; dabei enthalten sie aber auch Informationen, die über das jeweils angegebene Thema hinausgehen. Übergreifende Aufgaben sollen dazu dienen, bei der Lektüre einen Gesamteindruck von römischem Alltag zu erhalten. Sie sollten daher vom Beginn der Lektüre an berücksichtigt werden, sodass während dieser Unterrichtseinheit z.B. ein kleines Lexikon zum Alltagsleben entsteht (vgl. S. 70). Die Begleittexte und Begleitmaterialien erklären oder ergänzen inhaltliche Aspekte der Texte oder führen Gedanken weiter. Im stilistischen Anhang sind die Stilmittel aufgeführt und erklärt, die zum Verständnis wichtig sind. Der metrische Anhang hilft beim Lesen und Analysieren der Verse.

Lernwortschatz

Wortschatz zum Alltagsleben

1. Schule und Erziehung

doctrīna	Unterricht, Lehre
ēmendāre	verbessern
ērudīre	unterrichten, ausbilden
nūtrīx, īcis *f.*	Amme, Erzieherin
paedagōgus	Erzieher, Mentor; *ein Sklave, der damit beauftragt war, die Kinder zu Hause zu beaufsichtigen, in die Schule zu bringen und wieder abzuholen*
tabulae, ārum *f.*	Wachstafeln

2. Arbeits- und Geschäftsleben

aes, aeris *n.*	1. Erz, Bronze; 2. Bronzepfennig, Pfennig
as, assis *m.*	As; *zum Wert vgl. S. 62f.*
mercātor, ōris *m.*	Kaufmann, Großhändler
mercātūra	Handel
mercēs, ēdis *f.*	Lohn
nummus	1. Geldstück, Münze; 2. Sesterz; *zum Wert vgl. S. 62f.*
opēs, um *f.*	Vermögen, Besitz
pondus, eris *n.*	1. Gewicht; 2. Pfund
quaestus, ūs *m.*	Erwerb, Einkommen
ūber, eris	reich, ergiebig

3. Landwirtschaft

agrī cultūra	Ackerbau, Landwirtschaft
agricola, ae *m.*	Bauer
colōnus	Siedler, Landwirt
far, farris *n.*	Dinkel(schrot), Getreide
farīna	Mehl
fundus	Grund und Boden, Landgut
gallīna	Huhn
hortus	Garten
lāna	Wolle
messis, is *f.*	Ernte
oleum	Öl
ovis, is *f.*	Schaf
pābulum	Futter
pecus, oris *n.*	(Klein)vieh

pellis, is *f.*	Fell
rūs, rūris *n. (und Pl.)*	Land(gut)
rūsticus	ländlich, Land-
stabulum	Stall
vīlica	Verwalterin
vīlicus	Verwalter

4. Wohnen

amplus	geräumig, großzügig
ātrium	Atrium; *ursprünglich Hauptraum des römischen Hauses, später Empfangssaal*
balneum, ī *n.*	Bad, Badeanstalt
balnea, ōrum *n. und* balneae, ārum *f.*	Baderäume, Badeanstalt, Bad
cubiculum	Schlafzimmer
focus	Herd
horreum	Scheune, Speicher
lār (laris *m.*) (familiāris)	Hausgott; *die lares wurden als Schutzgötter verehrt; ihre Bilder standen in einem Schrein in der Mitte des Hauses*
peristȳlium	Peristyl; *Innenhof, der von Säulen umgeben ist*
taberna	1. Laden; 2. Wirtshaus, Kneipe
triclīnium	1. Speisezimmer; 2. Speisesofa

5. Freizeit

ālea	Würfel(spiel)
balneum	Bad, Badeanstalt
cōpō, ōnis *m.*	Wirt
cōpōna	Wirtin
lūsus, ūs *m.*	Spiel, Unterhaltung
pila	Ball
piscīna	Schwimmbecken
popīna	Kneipe, Imbissbude
spectāculum	Schauspiel, Attraktion, Sensationstheater
spectātor, ōris *m.*	Zuschauer
taberna	1. Laden; 2. Wirtshaus, Kneipe

6. Stadtleben

frequentia	große Zahl, Menschenmenge
spectāculum	Schauspiel, Attraktion, Sensationstheater
turba	(Volks)menge, Schar
urbānus	städtisch, der Stadt

7. Kleidung und Äußeres

ānulus	Ring
aureus	golden, aus Gold

capillus	Haar
fōrma	Schönheit, das Äußere
(re)secāre, secuī, sectum	schneiden, kürzen
tunica	Tunika; *aus Wolle, unmittelbar auf dem Körper getragen, meist ärmellos und bis zu den Waden reichend; das gebräuchliche Kleidungsstück für Freie und Unfreie*
unguentum	Salbe, Salböl

8. Essen und Trinken

cāseus	Käse
cēnāre	essen, speisen
cibus	Essen
coquere, coxī, coctum	kochen
ēsurīre	essen wollen
far, farris *n.*	Dinkel(schrot), Getreide
farīna	Mehl
focus	Herd
gūstus, ūs *m.*	Vorspeise
nux, nucis *f.*	Nuss
oleum	Öl
ōvum	Ei
prandium	Brotzeit, zweites Frühstück; *das erste bestand oft nur aus einem Glas Wasser; auf dem Schulweg kauften sich die Kinder meist etwas beim Bäcker; das* prandium *wurde etwa um 12 Uhr eingenommen*
(re)secāre	schneiden, kürzen
sapor, ōris *m.*	Geschmack
venter, tris *m.*	Bauch
vīctus, ūs *m.*	Lebensunterhalt, Nahrung

Sonstige Wörter, die mehrfach in den Texten vorkommen

9. Substantive

beneficium	1. gute, verdienstvolle Tat; 2. Großzügigkeit
frīgus, oris *n.*	1. Kälte; 2. Frost
fūr, fūris *m.*	Dieb
luxuria	Genussucht, üppiges Leben
māiestās, ātis *f.*	Würde, Ansehen
necessitās, ātis *f.*	Not(wendigkeit), Zwang
ōrdō, inis *m.*	Stand, Klasse
pectus, oris *n.*	Brust

10. Adjektive

commodus	1. zweckmäßig, vorteilhaft; 2. angemessen, treffend
contentus + *Abl.*	zufrieden mit
laxus	weit(läufig), groß
levis, e	leicht
luxuriōsus	verschwenderisch, verwöhnt
pius	1. fromm, pflichtgetreu; 2. gerecht, recht
plānus	eben, flach
scelerātus	verbrecherisch, gemein, hinterhältig
sordidus	schmutzig, niedrig, armselig
virīlis, e	männlich

11. Verben

adicere, iō, iēcī, iectum	hinzufügen
āiō, ais, ait	sagen
incidere (cidī) in + *Akk.*	geraten in, geraten an
īnspicere, iō spexī, spectum	1. sehen nach, schauen auf; 2. erproben, genau kennen lernen
necesse est	es ist nötig
quiēscere, quiēvī, quiētum	ruhen
adquiēscere	zur Ruhe kommen, Ruhe finden
requiēscere	ruhen
sentīre, sēnsī, sēnsum	spüren, erfahren
ūrere, ussī, ustum	(ver)brennen, verzehren, dahinraffen

12. Kleine Wörter

ergō	also
interim	inzwischen
item	ebenso
māne	(früh) morgens
praetereā	außerdem
quemadmodum	auf welche Weise, (so) wie
quia	weil
quotiēns	sooft

Texte

Schulleben und Ausbildung

Text 1

Der Tagesablauf eines Schülers, geschildert in den *Hermeneumata Pseudodositheana* (um 200 n. Chr.), einem griechisch-lateinischen Lehrbuch.

Ante lucem vigilavi de somno; surrexi de lecto, sedi, accepi pedules, caligas; calciavi me; poposci aquam ad faciem.

Lavo primo manus; deinde faciem lavi, extersi; deposui dormitoriam; accepi tunicam; praecinxi me; unxi caput meum et pectinavi.

Feci circa collum pallam. Indui me superariam albam; supra induo paenulam. Processi de cubiculo cum paedagogo et cum nutrice salutare patrem et matrem; ambos salutavi et osculatus sum; et sic descendi de domo.

LWS 1, 4, 7, 8
vigilāre: aufwachen
vigilāvī, surrēxī, sēdī, ..., induī, induō: *Das Tempus wechselt häufig; offenbar sollten in diesem Lehrbuchtext vor allem Verben im Präsens und Perfekt eingeübt werden. Es empfiehlt sich, grundsätzlich mit Präsens zu übersetzen.*
sīdere, sēdī, sessum: sich setzen
accēpī: *erg.* von einem Sklaven
pedūlēs, ium *m.*: Schuhe
caliga: Stiefel; *das Oberteil des Schuhs bestand aus Lederriemen, die Zehen waren frei, der restliche Fuß bis an das Schienbein wurde aber von den Lederriemen wie von einem Netz umschlossen und erhielt so guten Halt. Die* caligae *der Soldaten waren durch Nägel an den Sohlen verstärkt. Strümpfe zu tragen war unüblich.* caligās *ist hier Apposition und erklärt* pedūlēs.
calciāre: Schuhe anziehen
poscere, poposcī: fordern, verlangen

extergēre, tersī, tersum: abwischen, abtrocknen
dormītōria *erg.* vestis: Schlafhemd
praecingere, cīnxī, cīnctum: den Gürtel umbinden; *die Tunika wurde meist mit einem Gürtel getragen, durch den sie gerafft werden konnte.*
ungere, ūnxī, ūnctum: salben; *in republikanischer Zeit trugen die Männer Haare und Bärte kurz, in der Kaiserzeit kam längeres Haar in Mode, das auch geölt wurde.*
pectināre: kämmen

collum: Hals
palla: Überwurf; *rechteckiges Tuch, das man auch über den Kopf ziehen konnte und das mit einer Spange zusammengehalten wurde.*
sē aliquid induere, induī, indūtum: sich etw. anziehen
superāria: Stola
albus: weiß
suprā *Adv.*: darüber
paenula: Mantel *aus einem runden Stück Wollstoff mit einem Loch in der Mitte, etwa bis zu den Knien reichend.*
salūtāre: *final* um zu
ambō (*Akk.m.* ambōs): beide
ōsculārī: küssen

Eo in scholam; introivi, dixi: »Ave magister«, et ipse me osculatus est et resalutavit. Porrexit mihi puer meus scriniarius tabulas, thecam graphiariam, praeductorium. Loco meo sedens deleo. Praeduco ad praescriptum; ut scripsi, ostendo magistro; emendavit, induxit; iubet me legere. Iussus alio dedi. Edisco interpretamenta, reddidi.

Sed statim dictavit mihi condiscipulus. »Et tu«, inquit, »dicta mihi!«. Dixi ei: »Redde primo«. Et dixit mihi: »Non vidisti, cum redderem prior te?« Et dixi: »Mentiris, non reddidisti«. »Non mentior. Si verum dicis, dicto«. Inter haec iussu magistri surgunt pusilli ad subductum et syllabas praebuit eis unus de maioribus, alii ad subdoctorem ordine reddunt, nomina scribunt, versus scripserunt, et ego in prima classe dictatum excepi. Deinde, ut sedimus, pertranseo commentaria, linguas, artem. Clamatus ad lectionem audio expositiones, sensus, personas. Interrogatus artificia respondi. »Ad quem«, dixit. »Quae pars orationis?« Declinavi genera nominum, partivi versum. Ut haec egimus, dimisit ad prandium.

Dimissus venio domi. Muto, accipio panem candidum, olivas, caseum, caricas, nuces. Bibo aquam frigidam.

Pransus revertor iterum in scholam. Invenio magistrum perlegentem. Et dixit: »Incipite ab initio.«

introīre, eō, iī *oder* ivī, itum: eintreten
porrigere, rēxī, rēctum: (dar)reichen
puer scrīniārius: Schultaschenträger; *Sklave, der die Schultasche trug; das* scrīnium *war eine zylinderförmige Kapsel für das Schreibzeug.*
thēca graphiāria: das Mäppchen; *lederne Hülle für die Schreibgriffel*
praeductōrium: *Täfelchen mit vorgeschriebenen Buchstaben, die der Schüler nachzuzeichnen hatte* – die Schreibvorlage
dēlēre: löschen; *das, was in die Wachstafel eingeritzt war, wurde gelöscht, indem mit dem breiten Ende des Griffels das Wachs geglättet wurde.*
praedūcere: *Linien oder Buchstaben* nachschreiben
ad + *Akk.*: entsprechend, nach
praescrībere, scrīpsī, scrīptum: vorzeichnen, vorgeben
indūcere, dūxī, ductum: *Geschriebenes in den Wachstafeln* ausstreichen
ēdiscere: auswendig lernen
interpretāmentum: Übersetzung; *vom Lateinischen ins Griechische und umgekehrt*
reddere: wiedergeben, aufsagen

dictāre: vorsagen, aufsagen

prior, ōris: vorher, früher
pusillus: sehr klein, jung
subductum: Grundbegriffe; das »ABC«
syllaba: Silbe, Alphabet
subdoctor, ōris *m.*: Unterlehrer, Hilfslehrer
ōrdine reddere: der Reihe nach aufsagen
dictātum excipere: die Lektion abhören
classis, is *f.*: Klasse
pertrānsīre: *geistig* durchgehen
commentārium: Interpretation
lingua: Aussprache
ars, artis *f.*: Grammatik
lēctiō, ōnis *f.*: Lektion
expositiō, ōnis *f.*: Aufbau
sēnsus, ūs *m.*: Gedanken, Inhalt
artificium: kunstvoller Aufbau
dēclīnāre: deklinieren, beugen
nōmen, inis *n.*: Nomen, Substantiv
partīre, partīvī, partītum: einteilen, gliedern

mūtāre: sich umziehen
candidus: weiß
cārica: die Feige; *getrocknete Feigen aus Karien an der Westküste Kleinasiens*

prānsus: nach dem Frühstück
initium: Anfang

Text 2

Für die moralische Erziehung gelten nach Seneca (*Epistulae morales* 94, 51) dieselben Prinzipien wie beim Schreibenlernen.

... Si expectat tempus, quo per se sciat, quid optimum factu sit, interim errabit et errando inpedietur, quominus ad illud perveniat, quo possit se esse contentus; regi ergo debet, dum incipit posse se regere. Pueri ad praescriptum discunt; digiti illorum tenentur et aliena manu per litterarum simulacra ducuntur, deinde imitari iubentur proposita et ad illa reformare chirographum: Sic animus noster, dum eruditur ad praescriptum, iuvatur.

Schreiben wie ein junger Römer (Foto: Schweigert)

LWS 1, 10, 12
expectat: *erg.* ein Mensch, man
inpedīre, quōminus + *Konj.*: daran hindern, dass
praescrībere, scrīpsī, scrīptum: vorzeichnen, vorschreiben; *die Schüler mussten das Vorgeschriebene nachschreiben oder auswendig lernen.*

discere ad aliquam rem: nach etw. lernen
digitus: Finger
simulācrum: Form
prōpositum: Vorlage *für Schreibübungen*
refōrmāre: verbessern
chīrographum: Handschrift
iuvāre: helfen

Text 3

Cicero schreibt 44 v. Chr., also im Alter von 62 Jahren, über seine Ausbildung, die ihm ab dem 16. Lebensjahr zuteil wurde (*Laelius de amicitia* 1, 1).

Q. Mucius augur multa narrare de C. Laelio socero suo memoriter et iucunde solebat nec dubitare illum in omni sermone appellare sapientem. Ego autem a patre ita eram deductus ad Scaevolam sumpta virili toga, ut, quoad possem et liceret, a senis latere numquam discederem; itaque multa ab eo prudenter disputata, multa etiam breviter et commode dicta memoriae mandabam fierique studebam eius prudentia doctior. Quo mortuo me ad pontificem Scaevolam contuli, quem unum nostrae civitatis et ingenio et iustitia praestantissimum audeo dicere.

LWS 10
Quīntus Mūcius Scaevola: *170–87 v.Chr., 117 Konsul; ein hoch angesehener Rechtsgelehrter*
augur, uris *m.*: Augur; *die Auguren, ein angesehenes und einflussreiches Priesterkollegium, mussten vor allen wichtigen Staatshandlungen befragt werden und deuteten aufgrund des Verhaltens von Vögeln die Zukunft.*
Gāius Laelius: *Konsul 140 v. Chr., Anhänger der Adelspartei*
socer, erī *m.*: Schwiegervater
memoriter *Adv.*: aus dem Gedächtnis
toga virīlis: Männertoga; *mit 16 Jahren erhielten die jungen Römer die Männertoga als Zeichen für die Aufnahme in die Erwachsenenwelt; damit verbunden war die Erlangung der Bürgerrechte. Der Prätor überreichte die* toga virīlis *in einem feierlichen Akt auf dem Forum.*
quoad: soweit
latus, eris *n.*: Seite
discēdere: weggehen
dicta, disputāta: *meint vor allem Auskünfte in Rechtsfragen*
aliquid memoriae mandāre: sich etw. merken.
pontifex, icis *m.*: Priester; *zu Ciceros Zeit hatten 15* pontificēs *die Aufsicht über den religiösen Kult.*
pontifex Scaevola: *Neffe des oben genannten Q. Mūcius Scaevola augur.*
ūnus: bei weitem; *verstärkt hier den Superlativ*
praestāns, antis: herausragend.
aliās *Adv.*: ein anderes Mal

Text 4

Der Satiriker Martial (*Epigramme* 9, 68) ärgert sich über einen Lehrer in der Nachbarschaft.

Quid tibi nobiscum est, ludi scelerate magister,
    invisum pueris virginibusque caput?
Nondum cristati rupere silentia galli:
    murmure iam saevo verberibusque tonas.
Tam grave percussis incudibus aera resultant,
    causidicum medio cum faber aptat equo:
Mitior in magno clamor furit amphitheatro,
    vincenti parmae cum sua turba favet.
Vicini somnum – non tota nocte – rogamus:
    nam vigilare leve est, pervigilare grave est.
Discipulos dimitte tuos! Vis, garrule, quantum
    accipis, ut clames, accipere, ut taceas?

LWS 2, 6, 10
lūdus: Schule
invīsus alicui: verhasst bei jdm.
cristātus: mit hoch ragendem Kamm
rūpēre = rūpērunt
gallus: Hahn
murmur, uris *n.*: Grummeln, Geschrei
verbera, um *n.*: Schläge, Prügel
tonāre: tönen, lärmen
gravis, e: laut
percutere, iō, cussī, cussum: schlagen
incūs, ūdis *f.*: Amboss
resultāre: erschallen
causidicus: Rechtsanwalt, Redner; *gemeint ist die Statue für einen berühmten Redner, vgl.* St 1, 2, S. 72
medius equus: die Mitte (= der Rücken) des Pferdes
faber, brī *m.*: Schmied
aptāre: anpassen, befestigen auf
mītis, e: sanft, leise
furere: toben
parma: Schild des Gladiators; *der mit der* parma *bewaffnet ist*
favēre: applaudieren
vigilāre: wachen, wach bleiben
pervigilāre: *erg.* per tōtam noctem
garrulus: Schwätzer
quantum: *erg.* Geld

Text 5

Petron (gestorben 66 n.Chr.) erzählt von einer Fressorgie bei Trimalchio, einem Freigelassenen, der zu ungeheurem Reichtum gelangt war. Einer der neureichen Teilnehmer äußert sich über den Wert der Schulbildung (*Satyrica* 58, 7).

Non didici geometrias, critica et alogas menias, sed lapidarias litteras scio, partes centum dico ad aes, ad pondus, ad nummum. Ad summam, si quid vis, ego et tu sposiunculam: exi, defero lamnam. Iam scies patrem tuum mercedes perdidisse, quamvis et rhetoricam scis.

Terentius Neo und seine Gemahlin, Fresko aus Pompeji

LWS 2
critica, ōrum *n.*: Literaturkritik
álogus: verrückt, blödsinnig
mēniās *Akk.*: *Übertragung des griech.menin (= Zorn), des ersten Wortes der Ilias; ihr erster Vers beginnt: Vom Zorn singe mir, Muse ...*
alogās mēniās: solchen Blödsinn wie *»Vom Zorn ...«*

lapidārius: aus Stein
partēs centum: *hundert Teile*, Prozente
ad summam: kurz und gut, mit einem Wort
sposiuncula: kleine Wette
dēferre: setzen
lāmna: Mäuse, Piepen
quamvīs: obwohl, wie sehr auch

Arbeitsleben

Text 6

Der römische Politiker und Schriftsteller Marcus Porcius Cato, bekannt durch seine Strenge im Amt des Zensors, schrieb um etwa 200 v. Chr. in der Einleitung zu seinem Werk über den Landbau (*De agricultura*, praefatio 1–4).

(1) Est interdum praestare mercaturis rem quaerere, nisi tam periculosum sit, et item fenerari, si tam honestum sit. Maiores nostri sic habuerunt et ita in legibus posiverunt: furem dupli condemnari, feneratorem quadrupli. Quanto peiorem civem existimarint feneratorem quam furem, hinc licet existimare. **(2)** Et virum bonum quom laudabant, ita laudabant: bonum agricolam bonumque colonum. **(3)** Amplissime laudari existimabatur, qui ita laudabatur. Mercatorem autem strenuum studiosumque rei quaerendae existimo – verum, ut supra dixi, periculosum et calamitosum. **(4)** At ex agricolis et viri fortissimi et milites strenuissimi gignuntur; maximeque pius quaestus stabilissimusque consequitur minimeque invidiosus, minimeque male cogitantes sunt, qui in eo studio occupati sunt.

LWS 2, 3, 4, 9, 10, 12
est + *Inf.*: es ist möglich, dass
praestāre: besser sein
nisī: wenn (nur) nicht
perīculōsus: gefährlich
fēnerārī: Geld auf Zinsen ausleihen; *oft negativ:* wuchern
posīvērunt: *altl. für* posuērunt
duplum: das Doppelte
condemnāre: verurteilen
duplī condemnāre: zum Doppelten verurteilen
fēnerātor, ōris *m.*: Wucherer
quadruplum: das Vierfache

exīstimārint = *exīstimāverint*
hinc *Adv.*: von hier, hieraus

quom: *altl. für* cum

strēnuus: tüchtig
studiōsus alicui reī: eifrig bemüht um etw.
vērum *Adv.*: aber
calamitōsus: verlustreich

stabilis, e: dauerhaft, verlässlich
cōnsequī: (daraus) folgen
invidiōsus: Neid erregend

Text 7

Cicero beurteilt den Wert einzelner Berufe (*De officiis* 1, 150–151).

(150) Iam de artificiis et quaestibus, qui liberales habendi, qui sordidi sint, haec fere accepimus: Primum improbantur ii quaestus, qui in odia hominum incurrunt, ut portitorum, ut feneratorum. Inliberales autem et sordidi quaestus mercennariorum omnium, quorum operae, non quorum artes emuntur; est enim in illis ipsa merces auctoramentum servitutis. Sordidi etiam putandi, qui mercantur a mercatoribus, quod statim vendant; nihil enim proficiant, nisi admodum mentiantur; nec vero est quicquam turpius vanitate. Opificesque omnes in sordida arte versantur; nec enim quicquam ingenuum habere potest officina. Minimeque artes eae probandae, quae ministrae sunt voluptatum: ›Cetarii, lanii, coqui, fartores, piscatores‹, ut ait Terentius. Adde huc, si placet, unguentarios, saltatores, totumque ludum talarium.

(151) Quibus autem artibus aut prudentia maior inest aut non mediocris utilitas quaeritur ut medicina, ut architectura, ut doctrina rerum honestarum, eae sunt iis, quorum ordini conveniunt, honestae. Mercatura autem, si tenuis est, sordida putanda est; sin magna et copiosa, multa undique apportans multisque sine vanitate inpertiens, non est admodum vituperanda; atque etiam, si satiata quaestu vel contenta potius – ut saepe – ex alto in portum, ex ipso se portu in agros possessionesque contulit, videtur iure optimo posse laudari. Omnium autem rerum, ex quibus aliquid adquiritur, nihil est agri cultura melius, nihil uberius, nihil dulcius, nihil homine, nihil libero dignius.

LWS 1, 2, 3, 9, 10, 11
artificia, ōrum *n.* **et quaestūs,** uum *m.*: verschiedene Erwerbszweige
līberālis, e: eines freien Mannes würdig
accipere: als allg. Auffassung übernehmen
improbāre: missbilligen, gering schätzen
in aliquid incurrere: in etw. geraten, auf etw. stoßen
portitor, ōris *m.*: Zöllner
fēnerātor, ōris *m.*: Geldverleiher, Wucherer
mercennārius: Tagelöhner
opera: Arbeit, Dienstleistung
auctōrāmentum: Handgeld
mercārī: kaufen
prōficere: verdienen, Gewinn machen
admodum *Adv.*: ganz und gar, hochgradig
vānitās, ātis *f.*: Unehrlichkeit
opifex, icis *m.*: Handwerker
ingenuus: eines Freien würdig, edel
officīna: Werkstatt
cētārius: Seefischhändler
lanius: Fleischer, Metzger
coquus: Koch
fartor, ōris *m.*: Geflügelmäster
piscātor, ōris *m.*: Fischer
Terentius: Terenz; *Komödiendichter aus Karthago, 185–159 v.Chr.*
hūc *Adv.*: hierzu
unguentārius: Salbenhändler
saltātor, ōris *m.*: Tänzer
lūdus tālārius: Tanzspiel; *eine Art Show, bei der die Darsteller die* tunica tālāris *(= bis zu den Knöcheln reichende Tunika) trugen*

alicui reī inesse: einer Sache innewohnen, anhaften
aut ...: oder durch die ...
mediocris, e: mäßig, gering
ūtilitās, ātis *f.*: Nutzen
convenīre: passen
cōpiōsus: umfangreich, ausgedehnt
apportāre: herbeischaffen
inpertīre: zuteilen
satiāta ... contenta: *erg.* est: *Als Subjekt ist grammatisch* mercātūra *zu ergänzen, das für die Person, den* mercātor, *steht.*
satiārī: im Wohlstand leben
altum: das hohe Meer
possessiōnēs, um *f.*: die Güter
adquīrere: erwerben

Text 8

Was muß der Grundbesitzer bei einem Besuch auf seinem Gut beachten (Cato, *De agricultura* 2, 1–7)?

(1) Pater familias ubi ad villam venit, ubi larem familiarem salutavit, fundum eodem die, si potest, circumeat; si non eodem die, at postridie. Ubi cognovit, quo modo fundus cultus siet operaque quae facta infectaque sient, postridie eius diei vilicum vocet, roget, quid operis siet factum, quid restet, satisne temperi opera sient confecta, possintne, quae reliqua sient, conficere, et quid factum vini, frumenti aliarumque rerum omnium.
(2) Ubi ea cognovit, rationem inire oportet operarum, dierum. Si ei opus non apparet, dicit vilicus sedulo se fecisse, servos non valuisse, tempestates malas fuisse, servos aufugisse, opus publicum effecisse, ubi eas aliasque causas multas dixit, ad rationem operum operarumque vilicum revoca.
(3) Cum tempestates pluviae fuerint, quae opera per imbrem fieri potuerint: dolia lavari, picari, villam purgari, frumentum transferri, stercus foras efferri, stercilinum fieri, semen purgari, funes sarciri, novos fieri; centones, cuculiones familiam oportuisse sibi sarcire.

LWS 3, 4
pater familiās: Hausherr; -as *ist altl. Genitivendung*
postrīdiē *Adv.*: am folgenden Tag
siet: *altl. für* sit
īnfectus: unverrichtet, unvollendet
sient: *altl. für* sint
restāre: noch übrig sein
satis temperī *Adv.*: rechtzeitig
possint: *erg.* sie; *der Verwalter und die Landarbeiter*

ratiōnem inīre: Kalkulation aufstellen
opera: Arbeitsleistung, Arbeitseinheit
opus appāret: die Leistung ist einleuchtend
sēdulō *Adv.*: fleißig
tempestās, ātis *f.*: Wetter, Unwetter
aufugere, iō, fūgī: entfliehen
opus pūblicum efficere: öffentliche Aufgaben verrichten; *z.B. Bau eines Weges*
ad ratiōnem alicuius revocāre: zur Rechenschaft wegen etw. ziehen

Cum tempestātēs ...: *Der Satz ist abhängig von einem Prädikat, das aus* ad ratiōnem revocā *zu ergänzen ist:* ermahne den Verwalter, dass ...; halte ihm vor, dass ...
pluvius: regnerisch, Regen-
imber, bris *m.*: Regen
dōlium: Fass
picāre: mit Pech einschmieren *und so abdichten*
pūrgāre: sauber machen
trānsferre: umschichten, *damit es trocknet*
stercus, oris *n.*: Mist
forās *Adv.*: hinaus *aufs Feld*
stercilīnum, i *n.* **facere**: den Misthaufen umschichten
sēmen, inis *n.* **pūrgāre**: Saatgut reinigen *von Unkrautsamen*
fūnis, is *m.*: Tau, Seil
sarcīre: ausbessern
centō, ōnis *m.*: Sack, Kissen
cucūliō, ōnis *m.*: Kapuze, Umhang

(4) Per ferias potuisse fossas veteres tergeri, viam publicam muniri, vepres recidi, hortum fodiri, pratum purgari, virgas vinciri, spinas runcari, expinsi far, munditias fieri. Cum servi aegrotarint, cibaria tanta dari non oportuisse.
(5) Ubi ea cognita aequo animo sint, quae reliqua opera sint, curare, uti perficiantur. Rationes putare: argentariam, frumentariam, pabuli causa quae parata sunt; rationem vinariam, oleariam, quid venierit, quid exactum siet, quid reliquum siet, quid siet quod veneat: quae satis accipienda sint, satis accipiantur;
(6) reliqua quae sint, uti compareant. Siquid desit in annum, uti paretur: quae supersint, uti veneant; quae opus sint locato, locentur: quae opera fieri velit et quae locari velit, uti imperet et ea scripta relinquat. Pecus consideret.
(7) Auctionem uti faciat: vendat oleum, si pretium habeat, vinum, frumentum, quod supersit, vendat; boves vetulos, armenta delicula, oves deliculas, lanam, pelles, plostrum vetus, ferramenta vetera, servum senem, servum morbosum, et siquid aliut supersit, vendat. Patrem familias vendacem, non emacem esse oportet.

fēriae, ārum *f.*: Feiertage; fēriae *sind Tage, an denen keine öffentlichen Geschäfte stattfinden, sondern religiöse Handlungen vorgenommen werden.*
fossa: Wasserrinne, Abflussgraben
vetus, eris: alt
tergēre: sauber machen, ausputzen
veprēs, is *m.*: Dornstrauch, Dornbusch; *dienten als Hecken*
recīdere: zurückschneiden
fodere, iō: umgraben; *altl. Inf. pass.* fodīrī
prātum: Wiese
virga: Reisig, Rute
vincīre: zusammenbinden
spīna: Dornbusch
runcāre: jäten
expīnsere: zerstampfen, mahlen
munditia: Reinlichkeit, Sauberkeit
aegrōtāre: krank sein; **aegrōtārint** = aegrōtāverint
cibāria, ōrum *n.*: Lebensmittel, Tagesration

cūrāre, putāre: *als Imperative der dritten Person zu übersetzen*
utī = ut
ratiōnēs putāre: die Rechnung aufmachen, zusammenstellen
argentāria *erg.* ratio: Bargeld
frūmentāria *erg.* ratiō: Getreidevorrat
vīnārius: Wein-
oleārius: Öl-
vēnīre, eō, iī: verkauft werden
exigō, ēgī, āctum: eintreiben, einfordern
satis accipere: eine Kaution erhalten
quae satis accipienda sint ...: wofür man eine Kaution nehmen muss ...

utī: *erg. davor* curare: er soll dafür sorgen, dass
compārēre: sichtbar werden, deutlich werden; *in den Rechnungsbüchern*
locāre: ausschreiben, weitergeben; *gemeint sind Arbeiten, die nicht selbst erledigt werden, sondern mit denen andere Unternehmer beauftragt werden*
quae opus sint locātō: welche Arbeiten vergeben werden müssen
scrīpta relinquere: aufschreiben

auctiō, ōnis *f.*: Versteigerung, Verkauf.
bōs, bovis *m.*: Ochse
vetulus: ziemlich alt, älter
armentum: Großvieh (Ochsen, Pferde).
dēliculus: entwöhnt; *von der Muttermilch*
plōstrum: Lastwagen
ferrāmentum: Werkzeug
aliut = aliud
vēndācem, emācem esse: gern verkaufen, gern kaufen; es auf Verkauf, auf Kauf abgesehen haben

Frauenleben

Text 9

In seinem Handbuch über die Landwirtschaft nimmt der römische Schriftsteller Columella (1. Jh. n. Chr.) auch Stellung zur Rollenverteilung von Mann und Frau (*De re rustica*, Vorwort zum 12. Buch, 4–6).

(4) ... natura conparata est mulieris ad domesticam diligentiam, viri autem ad exercitationem forensem et extraneam. Itaque viro calores et frigora perpetienda, tum etiam itinera et labores pacis ac belli, id est rusticationis et militarium stipendiorum, deus tribuit; **(5)** mulieri deinceps, quod omnibus his rebus eam fecerat inhabilem, domestica negotia curanda tradidit. Et quoniam hunc sexum custodiae et diligentiae adsignaverat, idcirco timidiorem reddidit quam virilem. Nam metus plurimum confert ad diligentiam custodiendi. **(6)** Quod autem necesse erat foris et in aperto victum quaerentibus nonnumquam iniuriam propulsare, idcirco virum quam mulierem fecit audaciorem. Quia vero partis opibus aeque fuit opus memoria et diligentia, non minorem feminae quam viro earum rerum tribuit possessionem. Tum vero, quod simplex natura non omnis res commodas amplecti valebat, idcirco alterum alterius indigere voluit; quoniam quod alteri deest, praesto plerumque est alteri.

LWS 2, 8, 9, 10, 11, 12
comparāre: einrichten, bestimmen
domesticus: häuslich
dīligentia: Sorgfalt, Obhut
exercitātiō, ōnis *f.*: Tätigkeit
forēnsis, e: in der Öffentlichkeit; *Adj. zu* forum
extrāneus: außerhalb des Hauses
calor, ōris *m.*: Hitze
perpetī, ior, pessus sum: aushalten, ertragen.
rūsticātiō, ōnis *f.*: Landwirtschaft

deinceps *Adv.*: dann, wiederum
inhabilis, e **alicui reī**: für etw. untauglich, ungeeignet
sexus, ūs *m.*: Geschlecht
cūstōdia: Obhut, Schutz *des Hauses*
adsīgnāre alicui reī: zu etw. bestimmen
idcircō *Adv.*: deshalb

cōnferre ad: beitragen zu
cūstōdīre: bewahren, hüten

forīs *Adv.*: draußen
in apertō: unter freiem Himmel
prōpulsāre: zurückschlagen, abwehren
aequē *Adv.*: in gleicher Weise, ebenso
opus est aliquā rē: etw. wird benötigt, man braucht etw.
possessiō, ōnis *f.*: Besitz(recht)
simplex, icis **nātūra**: ein Wesen allein, ein Geschlecht für sich allein
omnīs = omnēs
amplectī, or, amplexus sum: umfassen, bewältigen
indigēre alicuius: jdn. nötig haben, jdn. brauchen
praestō *Adv.*: zur Hand, zur Verfügung
plērumque *Adv.*: meistens

Text 10

Cato (*De agricultura*, 143, 1–3) gibt dem Verwalter Anweisungen für den Umgang mit seiner Frau.

(1) Vilicae quae sunt officia, curato, faciat. Si eam tibi dederit dominus uxorem, ea esto contentus. Ea te metuat facito. Ne nimium luxuriosa siet. Vicinas aliasque mulieres quam minimum utatur neve domum neve ad sese recipiat. Ad cenam nequo eat neve ambulatrix siet. Rem divinam ni faciat neve mandet, qui pro ea faciat, iniussu domini aut dominae. Scito dominum pro tota familia rem divinam facere. **(2)** Munda siet; villam conversam mundeque habeat: focum purum, circum versum cotidie, priusquam cubitum eat, habeat. Kalendis, idibus, nonis, festus dies cum erit, coronam in focum indat, per eosdemque dies lari familiari pro copia supplicet. Cibum tibi et familiae curet, uti coctum habeat. **(3)** Gallinas multas et ova uti habeat; pira arida, sorba, ficos, uvas passas, sorba in sapa et pira et uvas in doliis et mala strutea; uvas in vinaciis et in urceis in terra obrutas et nuces praenestinas recentes in urceo in terra obrutas habeat. Mala scantiana in

LWS 3, 4, 8, 10
cūrātō, estō, facitō, scītō: *Die Endung* -tō *bezeichnet den Imp. Fut., der vor allem im Altlatein und in der Gesetzessprache gebräuchlich ist; Übersetzung mit Imperativ oder* du sollst.
cūrāre + *Konj.*: sorge dafür, dass
faciat: *erg.* vilica
facitō + *Konj.*: mache, dass
siet: *altl. für* sit
ūtī, or, ūsus sum *auch mit Akk.*: Umgang haben mit
nēquō *Adv.*: *aus* nē aliquō: nirgendwohin
ambulātrīx, īcis *f.*: Herumtreiberin
nī – nēve: weder – noch
mandāre: auftragen
iniussū: ohne Befehl

mundus: reinlich
converrere, verrī, versum: auskehren, ausfegen
pūrus: sauber
verrere, versum: abfegen
cubitum īre: schlafen gehen
Kalendīs, Īdibus, Nōnīs: an den Kalenden, Iden, Nonen; *der 1. Tag eines Monats hieß* Kalendae, *der 5. oder (je nach Monat) 7. Tag* Nōnae, *der 13. (bzw. 15.) Tag* Īdūs*; dies waren religiös bedeutende Tage im Monat.*
fēstus: festlich, feierlich
indere, didī, ditum: darauf legen
cōpia: Ernte

supplicāre: beten
utī = ut
coctum habēre: gekocht haben; habēre *mit dem Part. Perf. Pass. betont den Zustand für die Gegenwart*

utī: *erg. davor* cūret
pira ārida, ōrum *n.*: Dörrbirnen
sorbum: Speierling, Vogelbeere; *pflaumengroße, gelbe, rotbäckige Früchte*
ficus, ī *f.*: Feige
ūvae passae, ārum *f.*: getrocknete Weintrauben, Rosinen
sapa: Saft, Most; *man ließ den Traubenmost bis auf die Hälfte oder ein Drittel einkochen und verwendete ihn zum Süßen.*
dōlium: Fass
māla strūtea, ōrum *n.*: Sperlingsäpfel; *kleinere Quitten*
vīnācius: Weinbeerhülse, Trester; *nach Auspressen der Maische von Trauben und Obst verbleiben Rückstände, die Trester; darin wurden Trauben aufbewahrt.*
urceus: Krug
obruere, ruī, rutum: eingraben
praenestīnus: praenestinisch; *Praeneste lag in Latium und war für seine Nüsse berühmt.*
recēns, entis: frisch
māla scantiāna, ōrum *n.*: kampanische Äpfel; *nach der* gēns Scantia *benannt, die aus Kampanien stammte.*

Grabpfeiler aus Neumagen/Mosel (3. Jh. n. Chr.)

doliis et alia, quae condi solent, et silvatica, haec omnia quotannis diligenter uti condita habeat. Farinam bonam et far suptile sciat facere.

condere, didī, ditum: aufbewahren, einmachen
silvāticus: wild wachsend
quotannīs *Adv.*: jedes Jahr
suptīlis, e: fein

Text 11

Der Historiker Sallust berichtet (*Catilina* 25) von einer adligen Frau, die sich dem Kreis der Verschwörer um Catilina (63 v. Chr) angeschlossen hat.

(1) Sed in iis erat Sempronia, quae multa saepe virilis audaciae facinora conmiserat. **(2)** Haec mulier genere atque forma, praeterea viro, liberis satis fortunata fuit; litteris Graecis, Latinis docta, psallere, saltare elegantius quam necesse est probae, multa alia, quae instrumenta luxuriae sunt. **(3)** Sed ei cariora semper omnia quam decus atque pudicitia fuit; pecuniae an famae minus parceret, haud facile discerneres; lubido sic adcensa, ut saepius peteret viros quam peteretur. **(4)** Sed ea saepe antehac fidem prodiderat, creditum abiuraverat, caedis conscia fuerat: luxuria atque inopia praeceps abierat. **(5)** Verum ingenium eius haud absurdum: posse versus facere, iocum movere, sermone uti vel modesto vel molli vel procaci; prorsus multae facetiae multusque lepos inerat.

LWS 7, **9**, **10**, **11**, **12**
in iīs: *gemeint sind die Verschwörer*
audācia: Kühnheit, Verwegenheit
conmīserat = commīserat

fortūnātus: vom Glück begünstigt
docta ...: *hiervon hängen ab: 1. Ablative* litterīs Graecīs, Latīnīs: gelehrt in ..., *2. Infinitive* psallere, saltāre: darin gelehrt, zu ..., *3. Akkusative* multa alia: gelehrt in ...
psallere: musizieren
saltāre: tanzen
ēlegāns, antis: kunstvoll, schön

decus, oris *n.*: Tugend, Anstand
pudīcitia: Keuschheit, Schamgefühl
fāma: der gute Ruf
haud: nicht
discernere, crēvī, crētum: entscheiden, beurteilen
discernerēs: man hätte entscheiden können; *Potentialis der Vergangenheit*

lubīdō = libīdō
adcendere, cendī, cēnsum: entflammen, steigern

antehāc *Adv.*: zuvor
fidem prōdere: sein Wort brechen
crēditum abiūrāre: ein *in Wirklichkeit erhaltenes* Darlehen eidlich abstreiten
cōnscia: Mitwisserin, Komplizin
praeceps abīre: auf die schiefe Bahn geraten

absurdus: unbegabt, schlecht
posse: *erzählender Inf., als Ind. zu übersetzen*
versūs facere: dichten
iocum movēre: sich humorvoll unterhalten
modestus: zurückhaltend
mollis, e: locker
procāx, ācis: frech
prōrsus *Adv.*: mit einem Wort, kurz
facētiae, ārum *f.*: Humor
lepōs, ōris *m.*: Charme
inest alicui: es wohnt jdm. inne, jd. hat

Sklavenleben

Text 12

Apuleius (2. Jh. n. Chr. aus Nordafrika) beschreibt in seinem Roman, den Metamorphosen, die Reisen des Lucius aus Korinth. Unterwegs kommt dieser zu einer Mühle, wo er die Arbeit der Sklaven beobachtet (*Metamorphosen* 9, 12).

Di boni!
Quales illic homunculi:
vibicibus lividis totam cutem depicti
dorsumque plagosum scissili centunculo magis inumbrati quam obtecti,
nonnulli exiguo tegili tantummodo pubem iniecti,
cuncti tamen sic tunicati,
ut essent per pannulos manifesti,
frontes litterati
et capillum semirasi
et pedes anulati,
tum lurore deformes
et fumosis tenebris vaporosae caliginis palpebras adesi
atque adeo male luminati
et in modum pugilum, qui pulvisculo perspersi dimicant,
farinulenta cinere sordide candidati.

LWS 7, 10
dī = deī
illīc *Adv.*: dort
homunculus: armseliger Mensch, armes Geschöpf.
vībīx, īcis *f.*: Strieme, Schwiele
līvidus: blau
cutis, is *f.*: Haut
dēpictus: gezeichnet
dorsum: Rücken
plāgōsus: voller Schläge, voller Wunden
scissilis, e: zerrissen
centunculus: kleiner Lumpen, Fetzen
inumbrātus: verschleiert
obtēctus: bedeckt
exiguus: klein, schmal
tegīle, is *n.*: Hülle, Lendenschurz
tantummodo *Adv.*: nur
pūbēs, is *f.*: die Scham; Geschlechtsteile
iniectus: bedeckt
tunicātus: *mit einer Tunika, d.i. einem Unterhemd* bekleidet
pannulus: Lumpen
manifestus: deutlich zu erkennen
litterātus: mit Buchstaben markiert
sēmirāsus: halb geschoren
ānulātus: mit Ketten versehen
lūror, ōris *m.*: Leichenblässe
dēfōrmis, e: entstellt
fūmōsus: voll Rauch, voll Staub
tenebrae, ārum *f.*: Dunkelheit
vapōrōsus: heiß
cālīgō, inis *f.*: Dunst, trübe Luft
palpebrae, ārum *f.*: Augenlider
adēsus: entzündet
adeō *Adv.*: so sehr
lūminātus: mit Augenlicht versehen; *umschreibend übersetzen mit* ihr Augenlicht war ...
in modum + *Gen.*: nach Art von ...
pugil, ilis *m.*: Boxer
pulvisculus: feiner Staub
perspersus: bedeckt
dīmicāre: kämpfen
farīnulentus: mehlig, Mehl-
cinis, eris *f.*: Staub
candidātus: weiß

Text 13

In seinem Handbuch *Über die Landwirtschaft* empfiehlt Columella (1. Jh. n. Chr.) dem Landwirt, bei der Auswahl der Sklaven sorgfältig vorzugehen (*De re rustica* 1, 8, 1–2).

(1) ... praemoneo, ne vilicum ex eo genere servorum, qui corpore placuerunt, instituamus, ne ex eo quidem ordine, qui urbanas ac delicatas artis exercuerit. **(2)** Socors et somniculosum genus id mancupiorum, otiis, campo, circo, theatris, aleae, popinae, lupanaribus consuetum, numquam non easdem ineptias somniat; quas cum in agri culturam transtulerit, non tantum in ipso servo quantum in universa re detrimenti dominus capit. Eligendus est rusticis operibus ab infante duratus et inspectus experimentis.

Text 14

Seneca gehörte zu den wenigen Römern, die sich kritisch mit der Frage auseinander setzten, wie Sklaven in der römischen Gesellschaft behandelt wurden und wie man mit ihnen zusammenlebte. Er schreibt über die Aufgaben der Sklaven im Haushalt der Reichen (*Epistulae morales* 47, 5–8):

LWS 3, 5, 6, 9, 11
praemonēre, nē + *Konj.*: (zunächst) davor warnen, dass
īnstituere: einsetzen, einstellen
nē ... ōrdine: *erg.* īnstituāmus
dēlicātus: verwöhnt, verweichlicht
ars: Gewohnheit, Lebensstil
artīs: *Akk. Pl.* = artēs

socors, cordis: schlaff, träge
somniculōsus: verschlafen
mancupium: Sklave

ōtium: Müßiggang
campus: Sportplatz; *Erholungs- und Übungsplatz*
lupānar, āris *n.*: Bordell
cōnsuētus + *Dat.*: gewöhnt an
ineptiae, ārum *f.*: Phantastereien, Blödsinn
somniāre + *Akk.*: träumen von
tantum dētrīmentī *(Gen. part.)* **capere**: so viel Schaden erleiden
ēligere: auswählen
ab īnfante: von Kindheit an
dūrāre: abhärten
experīmentum: Erfahrung

(5) ... Cum ad cenandum discubuimus, alius sputa deterget, alius reliquias temulentorum toro subditus colligit. **(6)** Alius pretiosas aves scindit; per pectus et clunes certis ductibus circumferens eruditam manum frusta excutit, infelix, qui huic uni rei vivit, ut altilia decenter secet, nisi quod miserior est, qui hoc voluptatis causa docet, quam qui necessitatis discit. **(7)** Alius vini minister in muliebrem modum ornatus cum aetate luctatur; non potest effugere pueritiam, retrahitur, iamque militari habitu glaber retritis pilis aut penitus evulsis tota nocte pervigilat, quam inter ebrietatem domini ac libidinem dividit, et in cubiculo vir, in convivio puer est. **(8)** Alius, cui convivarum censura permissa est, perstat infelix et expectat, quos adulatio et intemperantia aut gulae aut linguae revocet in crastinum. Adice obsonatores, quibus dominici palati notitia subtilis est, qui sciunt, cuius illum rei sapor excitet, cuius delectet aspectus, cuius novitate nauseabundus erigi possit, quid iam ipsa satietate fastidiat, quid illo die esuriat. Cum his cenare non sustinet et maiestatis suae deminutionem putat ad eandem mensam cum servo suo accedere. Di melius! Quot ex istis dominos habet!

LWS 4, 7, 8, 9, 11
ad cēnandum discumbere, cubuī, cubitum: sich zum Essen niederlegen
spūtum: Spucke, das Ausgespuckte
dētergēre: wegwischen
reliquiae, ārum *f.*: die Hinterlassenschaft
tēmulentus: Betrunkener
torus: Speisesofa
alicui subditus: unter etw. liegend

pretiōsus: teuer
avis, is *f.*: Vogel
scindere: zerteilen, tranchieren
clūnis, is *f.*: Hinterkeule
ductus, ūs *m.*: Schnitt
circumferre: in alle Teile führen
ērudītus: geschult
frūstum: Stückchen
excutere: herausschneiden
altilia, ium *n.*: gemästetes Geflügel
decenter *Adv.*: kunstvoll, ordentlich
nisī quod: abgesehen davon, dass
voluptās, ātis *f.*: Genusssucht
necessitātis: *erg.* causā

minister, trī *m.*: Diener
in muliebrem modum: nach Frauenart
luctārī: kämpfen
pueritia: Knabenalter
retrahere, trāxī, tractum: zurückholen, zurückhalten.
iamque mīlitārī habitū ... pervigilat: und obwohl er schon die Gestalt eines Soldaten hat, ist er unbehaart, weil er seine Haare abrasiert oder gründlich ausgezupft hat; so durchwacht er die ganze Nacht.
ēbrietās, ātis *f.*: Trunkenheit

cēnsūra: Beurteilung, Auswahl
perstāre: herumstehen
adūlātiō, ōnis *f.*: Schmeichelei
intemperantia: Maßlosigkeit
gula: Schlund, Gaumen
revocāre: wieder empfehlen, wieder einladen.
in crāstinum: auf morgen
obsōnātor, ōris *m.*: Einkäufer für die Küche
dominicus: Adj. zu dominus
palātum: Gaumen
nōtitia: Kenntnis
subtīlis, e: fein, genau
aspectus, ūs *m.*: Anblick
novitās, ātis *f.*: neuer Reiz
nauseābundus: dem Erbrechen nahe
satietās, ātis *f.*: Übersättigung
fastīdīre, īvī, ītum + *Akk.*: Ekel haben vor
sustinēre: aushalten, ertragen
sustinet: *erg.* dominus
dēminūtiō, ōnis *f.*: Schmälerung, Herabsetzung
dī melius *erg.* faciant: die Götter sollen es besser machen; Gott sei's geklagt; du lieber Himmel!
quot: wie viele

Text 15

Der Sklave Demetrius hatte für seinen Herrn, den Dichter Martial, als Schreiber gearbeitet. Martial widmet ihm ein Grabepigramm (*Epigramme* 1, 101).

Illa manus quondam studiorum fida meorum
et felix domino notaque Caesaribus:
destituit primos viridis Demetrius annos:
Quarta tribus lustris addita messis erat.
Ne tamen ad Stygias famulus descenderet umbras,
ureret inplicitum cum scelerata lues,
cavimus et domini ius omne remisimus aegro:
munere dignus erat convaluisse meo.
Sensit deficiens sua praemia meque patronum
dixit ad infernas liber iturus aquas.

LWS 3, 10, 11
quondam *Adv.*: einst
fida: treue Helferin, Begleiterin
Caesarēs: die Kaiser, das Kaiserhaus
dēstituere, stituī, stitūtum: verlassen
viridis, e: jung, blühend
lūstrum: *Zeitraum von* fünf Jahre*n*
nē ...: Objekt(satz) zu cāvimus
Stygius: stygisch; *Adj. zu Styx, dem Unterweltsfluss*
famulus: Diener, Sklave
inplicitus: *von der Krankheit* ergriffen, befallen
luēs, is *f.*: Krankheit, Seuche
cavēre (*Perf.*: cāvī)**, nē** + *Konj.*: dafür sorgen, dass nicht
remittere, mīsī, missum **alicui aliquid**: gegenüber jdm. auf etw. verzichten
aeger, aegra, aegrum: krank
mūnus, eris *n.*: Geschenk, Gnade
convalēscere, valuī: gesund werden
dēficere, iō: dahinschwinden, sterben
patrōnus: Schutzherr, Patron; *ein freigelassener Sklave blieb unter dem Schutz des Herrn und war ihm zur Treue verpflichtet, s. S. 54*
īnfernus: unterirdisch, in der Unterwelt

Leben und Wohnen in der Stadt Rom

Text 16

Der römische Philosoph Seneca (1. Jh. n. Chr.) wurde nach Korsika verbannt. Mit einer Trostschrift möchte er den Schmerz, den seine Mutter über die Trennung von ihrem Sohn empfand, lindern.
Darin schreibt er über die Stadt Rom (*Ad matrem Helviam de consolatione* 6, 2–3).

(2) Aspice hanc frequentiam, cui vix urbis immensae tecta sufficiunt! Maxima pars istius turbae patria caret. Ex municipiis et coloniis suis, ex toto denique orbe terrarum confluxerunt: alios adduxit ambitio, alios necessitas officii publici, alios inposita legatio, alios luxuria opportunum et opulentum vitiis locum quaerens, alios liberalium studiorum cupiditas, alios spectacula; quosdam traxit amicitia, quosdam industria laxam ostendendae virtuti nancta materiam; quidam venalem formam attulerunt, quidam venalem eloquentiam.
(3) Nullum non hominum genus concurrit in urbem et virtutibus et vitiis magna pretia ponentem. Iube istos omnes ad nomen citari et, unde domo quisque sit, quaere! Videbis maiorem partem esse, quae relictis sedibus suis venerit in maximam quidem ac pulcherrimam urbem, non tamen suam.

LWS 5, 6, 7, 9, 10
aspicere: betrachten, anschauen
sufficere, iō: ausreichen, genügen
carēre aliquā rē: etw. nicht haben
mūnicipium: Landstadt; mūnicipia *waren eingebürgerte, ehemals autonome Städte, deren Bewohnern ein beschränktes römisches Bürgerrecht verliehen wurde. Im Gegensatz zum* mūnicipium *wurde eine* colōnia, *eine Kolonie, von römischen Bauern und vor allem Veteranen gegründet und besiedelt.*
orbis, -is *m.* **terrārum**: Erdkreis
cōnfluere, flūxī: zusammenströmen
ambitiō, ōnis *f.*: Ehrgeiz
opportūnus: günstig
opulentus: reich
vitium: Fehler, Laster
studia, -ōrum **līberālia,** -ium *n.*: die eines freien Mannes würdigen Studien; die höhere Bildung
industria: Energie, Tatkraft
ostendendae virtūtī: um ihre Leistung darzustellen; *Dat. finalis*
nancīscī, na(n)ctus sum: bekommen
māteria: Stoff, Raum
vēnālis, e: käuflich, zum Verkauf
ēloquentia: Beredsamkeit
nūllum nōn: vgl. St 1, 4, S. 72
pretium pōnere alicui reī: für etw. den Preis bestimmen
ad nōmen citāre: namentlich aufrufen
quidem: zwar

Text 17

Wie kann man es in dieser Stadt aushalten? (Martial, *Epigramme* 12, 57)

Cur saepe sicci parva rura Nomenti
laremque villae sordidum petam, quaeris?
Nec cogitandi, Sparse, nec quiescendi
in úrbe lócus est paúperí. Negánt vítam
◡– ◡ ◡ ◡ – – ◡– –– – ◡
ludi magistri mane, nocte pistores,
aerariorum marculi die toto;
...
Tu, Sparse, nescis ista nec potes scire,
Petilianis delicatus in regnis,
cui plana summos despicit domus montis,
et rus in urbe est vinitorque Romanus
nec in Falerno colle maior autumnus,
intraque limen latus essedo cursus,
et in profundo somnus et quies nullis
offensa linguis, nec dies nisi admissus.
Nos transeuntis nisus excitat turbae,
et ad cubile est Roma. Taedio fessis
dormíre quótiens líbuit, ímus ád víllam.
– –◡ ◡◡ – ◡◡◡ – ◡ – –◡

LWS 3, 4, 6, 10, 11, 12
siccus: trocken
Nōmentum: *kleiner Ort nordöstlich von Rom, bekannt durch seinen Wein; hier besaß Martial ein kleines Landgut*
vītam negāre: verweigern zu leben
lūdī magister: Schulmeister; *der Unterricht fand meist in einem zur Straße offenen Laden statt, den der Lehrer anmietete*
pistor, ōris *m.*: Bäcker
aerārius: Kupferschmied
marculus: Hämmerchen
Zeile 7–17: hinzu kommen das Geklimper der Geldwechsler, das Gehämmere der Goldschmiede, das Geschrei von verzückten Anhängern fremder Kulte, Schiffbrüchige, die, die Trümmer der Schiffe unterm Arm, lauthals daherschwätzen, Bettler und Schwefelfadenhändler; *mit Schwefelfäden wurde zerbrochenes Geschirr gekittet.*
Petīliānus: des Petīlius; *vermutlich der frühere Besitzer des Hauses*
dēlicātus: luxuriös, verwöhnt
plāna domus: das Haus, wo es flach ist, *also* die Terrasse
dēspicere, iō: auf etw. (herab)blicken
vīnitor, ōris *m.*: Winzer
Rōmānus: mitten in Rom
Falernus, a, um **collis,** is *m.*: falernischer Hügel, Falernerberge; *Gebiet in Kampanien mit berühmtem Wein*
autumnus: Herbst, *als Zeit der Weinlese:* das Herbsten
intrā + *Akk.*: innerhalb
līmen, inis *n.*: Schwelle, Grenze *erg. des Grundstückes*
essedum: *zweirädriger* Wagen
in profundō somnus: tiefer Schlaf
quiēs, ētis *f.*: Ruhe
offendere, offendī, offēnsus: beleidigen, stören
diēs, ēī *m.*: Tageslicht
nīsus, ūs *m.*: das Drücken und Drängen
cubīle, is *n.*: Lager, Bett
taedium: Überdruss
fessus: erschöpft, müde
libet alicui: es beliebt jdm., jd. will

Text 18

Der römische Architekt und Ingenieur Vitruv schreibt in seinem Werk *De architectura* (etwa 25 v. Chr.) über den Bau von Privathäusern und die Anordnung der Räume (6, 5).

Cum ad regiones caeli ita ea fuerint disposita, tunc etiam animadvertendum est, quibus rationibus privatis aedificiis propria loca patribus familiarum et quemadmodum communia cum extraneis aedificari debeant. Namque ex his, quae propria sunt, in ea non est potestas omnibus introeundi nisi invitatis, quemadmodum sunt cubicula, triclinia, balneae ceteraque, quae easdem habent usus rationes. Communia autem sunt, quibus etiam invocati suo iure de populo possunt venire, id est vestibula, cava aedium, peristylia, quaeque eundem habere possunt usum. Igitur is, qui communi sunt fortuna, non necessaria magnifica vestibula nec tabulina neque atria, quod aliis officia praestant ambiundo neque ab aliis ambiuntur.

Qui autem fructibus rusticis serviunt, in eorum vestibulis stabula, tabernae, in aedibus cryptae, horrea, apothecae ceteraque, quae ad fructus servandos magis quam ad elegantiae decorem possunt esse, ita sunt facienda.

LWS 3, 4, 9, 10, 12
regiōnēs caelī: Himmelsrichtungen
ea: *erg.* die Räume
dispōnere, posuī, positum: anordnen, ausrichten
tunc *Adv.*: dann
ratiō, ōnis *f.*: Art und Weise
prīvātīs aedificiīs = in prīvātīs aedificiīs
proprius: eigen, persönlich
loca, ōrum *n.*: Räume
patrēs familiārum: Hausherren
extrāneus: fremd, nicht zum Haus gehörig
ex hīs quae = quae ex hīs
introīre: eintreten
quibus venīre: *so viel wie* in quae venīre
invocātus: uneingeladen
id est: d.h.
vestibulum: Vorhalle; *zur Straße durch eine Mauer abgetrennt oder zwischen Haustür und Atrium gelegen; diente als Garderobe*
cavum, i *n.* **aedium**: Innenhof
īs = iīs
commūnis, e: durchschnittlich
fortūna: Vermögen, gesellschaftliche Stellung
māgnificus: prächtig, großartig
tab(u)līnum: Bildergalerie; *Raum zwischen Atrium und Peristyl, diente ebenso wie das Atrium als Empfangsraum und zur Repräsentation.*
alicui officia praestāre: jdm. die Aufwartung machen; *Pflicht der Klienten*
ambīre: besuchen, umwerben

servīre alicui reī: sich einer Sache widmen, für etw. arbeiten
aedēs, ium *f.*: Wohnhaus
crypta: Gewölbe; *zur Aufbewahrung von Vorräten*
apothēca: Vorratskammer; *besonders für Wein.*
decor, ōris *m.*: Zierde, schönes Aussehen

Item feneratoribus et publicanis commodiora et speciosiora et ab insidiis tuta, forensibus autem et disertis elegantiora et spatiosiora ad conventus excipiundos, nobilibus vero, qui honores magistratusque gerundo praestare debent officia civibus, faciunda sunt vestibula regalia alta, atria et peristylia amplissima, silvae ambulationesque laxiores ad decorem maiestatis perfectae; praeterea bibliothecas, pinacothecas, basilicas non dissimili modo quam publicorum operum magnificentia comparatas, quod in domibus eorum saepius et publica consilia et privata iudicia arbitriaque conficiuntur.
Ergo si his rationibus ad singulorum generum personas ... ita disposita erunt aedificia, non erit, quod reprehendatur; habebunt enim ad omnes res commodas et emendatas explicationes ...

Triclinium in Kaiseraugst (Foto: Müller)

fēnerātor, ōris *m.*: Geldverleiher
pūblicānus: Steuerpächter; *die Zensoren vergaben die Pacht für staatliche Einkünfte an Steuerpächter; diese hatten im Voraus dem Staat einen festen Betrag zu bezahlen. So musste der Staat nicht selbst die Steuern eintreiben und konnte mit einer festen Pachtsumme rechnen. Die Steuerpächter missbrauchten aber andererseits oft ihre Rechte und saugten die Provinzen geradezu aus.*
speciōsus: schön, repräsentativ
forēnsis, is *m.*: Anwalt; *Gerichtsverhandlungen fanden auf dem Forum statt.*
disertus: Redner
spatiōsus: geräumig
conventus, ūs *m.*: Zusammenkunft, Versammlung
rēgālis, e: fürstlich
silva: Park
ambulātiō, ōnis *f.*: Spazierweg, Allee
praetereā *Adv.*: *füge* außerdem *hinzu*
pīnacothēca: Gemäldegalerie
basilica: Halle
nōn dissimilī modō quam pūblicōrum operum māgnificentiā comparātās: die in einer Weise mit Pracht ausgestattet sind, die der staatlicher Bauwerke sehr ähnlich ist
arbitrium: Entscheidung

ad: im Hinblick auf
singulī, ae, a: Einzelne
nōn est, quod: es gibt keinen Grund dafür, dass; es gibt nichts, was
reprehendere: tadeln
ēmendātus: fehlerfrei, tadellos
explicātiō, ōnis *f.*: *bauliche* Lösung, Einrichtung

Leben in der Freizeit

Text 19

Im Bad – nicht nur zum Baden (Seneca, *Epistulae morales* 56, 1–2)

(1) ... Ecce undique me varius clamor circumsonat: supra ipsum balneum habito. Propone nunc tibi omnia genera vocum, quae in odium possunt aures adducere: Cum fortiores exercentur et manus plumbo graves iactant, cum aut laborant aut laborantem imitantur, gemitus audio, quotiens retentum spiritum remiserunt, sibilos et acerbissimas respirationes; cum in aliquem inertem et hac plebeia unctione contentum incidi, audio crepitum inlisae manus umeris, quae, prout plana pervenit aut concava, ita sonum mutat. Si vero pilicrepus supervenit et numerare coepit pilas, actum est.
(2) Adice nunc scordalum et furem deprensum et illum, cui vox sua in balneo placet, adice nunc eos, qui in piscinam cum ingenti inpulsae aquae sono saliunt. Praeter istos, quorum, si nihil aliud, rectae voces sunt, alipilum cogita tenuem et stridulam vocem, quo sit notabilior, subinde exprimentem nec umquam tacentem, nisi dum vellit alas et alium pro se clamare cogit; iam biberarii varias exclamationes et botularium et crustularium et omnes popinarum institores mercem sua quadam et insignita modulatione vendentīs.

LWS 5, 9, 10, 11, 12
ecce: siehe, stell dir vor
circumsonāre: umtönen
prōpōnere: vorstellen
plumbum: Blei
gemitus, ūs *m.*: Stöhnen
remittere, mīsī, missum: ausstoßen
sībilus: Zischen, Pfeifen
acerbus: heftig
respīrātiō, ōnis *f.*: Atemholen
iners, ertis: träge, faul
plēbēius: plebejisch
ūnctiō, ōnis *f.*: Einsalben
crepitus, ūs *m.*: Klatschen
inlīdere, līsī, līsum **alicui reī**: auf etw. schlagen
umerus: Schulter
prout: so wie, je nachdem ob
pervenīre: auftreffen, aufschlagen
concavus: hohl
sonus: Geräusch, Ton
pilicrepus: Ballspieler
supervenīre: dazukommen
numerāre: zählen
numerāre coepit pilās: *ein Ballspiel, bei dem der Ball nicht den Boden berühren durfte; gezählt wurden die Bälle, die auf den Boden kamen.*

āctum est: es ist geschehen, es ist aus

scordalus: Streitsüchtiger
dēprēndere, prēndī, prēnsum: ertappen, erwischen
inpellere, pulī, pulsum: aufwühlen
salīre: springen
rēctus: natürlich
ālipilus: Haarauszupfer; *entfernte die Achselhaare*
strīdulus: schrill
quō + *Konj.*: damit dadurch
notābilis, e: auffallend
subinde *Adv.*: immer wieder
exprimere: herauspressen, von sich geben
vellere: auszupfen
āla: Achselhöhle
iam: *erg.* cōgitā
biberārius: Getränkeverkäufer
exclāmātiō, ōnis *f.*: Ausruf
botulārius: Wurstverkäufer
crūstulārius: Zuckerbäcker
īnstitor, ōris *m.*: Inhaber, Verkäufer
īnsignītus: auffallend, außergewöhnlich
modulātiō, ōnis *f.*: Tonart, Stimme
vendentīs: *Akk. Pl.*

Text 20

Tourismus (Seneca, *De tranquillitate animi* 2, 13–14)

(13) ... peregrinationes suscipiuntur vagae et litora pererrantur, et modo mari se, modo terra experitur semper praesentibus infesta levitas: »Nunc Campaniam petamus!« Iam delicata fastidio sunt: »Inculta videantur, Bruttios et Lucaniae saltus persequamur!« Aliquid tamen inter deserta amoeni requiritur, in quo luxuriosi oculi longo locorum horrentium squalore releventur: »Tarentum petatur laudatusque portus et hiberna caeli mitioris et regio vel antiquae satis opulenta turbae. Iam flectamus cursum ad urbem: Nimis diu a plausu et fragore aures vacaverunt, iuvat iam et humano sanguine frui.«
(14) Aliud ex alio iter suscipitur et spectacula spectaculis mutantur. Ut ait Lucretius:

Hoc se quisque modo semper fugit.

Sed quid prodest, si non effugit? Sequitur se ipse et urget gravissimus comes.

LWS 5, 10, 11
peregrīnātiō, ōnis *f.*: Reisen
vagus: ziellos, mal hierhin – mal dahin
pererrāre: durchstreifen
praesentia, ium *n.*: Gegenwart, gegenwärtige Dinge
īnfēstus alicui reī: einer Sache feindlich, unzufrieden mit etw.
levitās, ātis *f.*: Unbeständigkeit, Hektik
Campānia: Kampanien; *Landschaft an der Westküste Mittelitaliens mit beliebten Erholungsorten*
dēlicāta, ōrum *n.*: das verwöhnte Luxusleben
fastīdium: Überdruss
inculta, ōrum *n.*: Einöde
Bruttiī, ōrum *m.*: Land der Bruttier; *Bewohner der Südspitze Italiens*
Lūcānia: Lukanien; *Landschaft in Süditalien*
saltus, ūs *m.*: Wald
dēserta, ōrum *n.*: verlassene Gegend
amoenus: lieblich, reizvoll
requīrere: aufsuchen
horrēns, entis: rauh, unwirtlich
squālor, ōris *m.*: Ungepflegtheit, Unwirtlichkeit
relevārī: sich erholen
Tarentum: Tarent; *reiche und mächtige Stadt in Süditalien. Tarent ist eine uralte Stadt, deren Ursprünge bis in die Bronzezeit zurückgehen. Die Griechen gründeten sie um 700 v. Chr. als Kolonie. Die Stadt entwickelte sich zur wichtigsten Handelsstadt Süditaliens, bis sie seit der Unterwerfung durch die Römer an Bedeutung verlor.*
hīberna, ōrum *n.*: Winterquartier
caelum: Klima
mītis, e: mild
regiō vel antīquae satis opulenta turbae: die Umgebung, die sogar für die große Bevölkerung in alter Zeit genug Reichtum bot
plausus, ūs *m.*: Beifallssturm
fragor, ōris *m.*: Getöse
vacāre aliquā rē: ohne etw. sein, frei sein von etw.
iuvat: es macht Freude
hūmānus: menschlich
sanguis, inis *m.*: Blut
fruī aliquā rē: etw. genießen

aliud ex aliō iter: eine Reise nach der anderen
Lucrētius: Lukrez; *röm. Dichter des 1. Jh. v. Chr.*
urgēre: bedrängen, belästigen
gravis, e: lästig, aufdringlich

Text 21

Hotelrechnung (*CIL* IX 2689)

Viator clamat pransus: copo, computemus!
Venit mulier: habes vini sextarium unum, panem: assem unum; pulmentarium: asses duos.
Respondet: convenit.
Rursus illa: puellam: asses octo.
Et hoc convenit *inquit.*
Tum mulier: faenum *ait* mulo: asses duo.
Denique viator pecunia soluta abiens iam:
Iste mulus *inquit* me ad factum dabit.

Bordellinschrift unter einem Phallus

Hic habitat felicitas.

Graffiti im Bordell (*CIL* IV 2175; 2246; 2217)

Hic ego multas puellas futui.
Hic ego, cum veni, futui, deinde redei domum.
Fututa sum hic.

Gasthaus oder Bordell? (*CIL* IV 8442)

Futui coponam.

LWS 2, 5
viātor, ōris *m.*: Reisender, Gast
prānsus: nach dem Essen
computāre: zusammenrechnen, abrechnen
sextārius: *1/6 congius (römisches Hohlmaß; 1 congius = 3 1/4 Liter);* 0,547 l.
pulmentārium: Essen
convenit: (es) stimmt
faenum: Heu
mūlus: Maulesel
ad factum dare: in den Ruin treiben
fēlīcitās, ātis *f.*: Glück
futuere, uī, ūtum: bumsen
redeī = rediī

Text 22

»Mittagspause« im Amphitheater (Seneca, *Epistulae morales*, 7, 3–5)

(3) ... Casu in meridianum spectaculum incidi, lusus expectans et sales et aliquid laxamenti, quo hominum oculi ab humano cruore adquiescant. Contra est: quidquid ante pugnatum est, misericordia fuit; nunc omissis nugis mera homicidia sunt. Nihil habent, quo tegantur; ad ictum totis corporibus expositi numquam frustra manum mittunt. **(4)** Hoc plerique ordinariis paribus et postulaticiis praeferunt. Quidni praeferant? Non galea, non scuto repellitur ferrum. Quo munimenta? Quo artes? Omnia ista mortis morae sunt. Mane leonibus et ursis homines, meridie spectatoribus suis obiciuntur. Interfectores interfecturis iubent obici et victorem in aliam detinent caedem; exitus pugnantium mors est. Ferro et igne res geritur. Haec fiunt, dum vacat harena.
(5) »Sed latrocinium fecit aliquis, occidit hominem.« Quid ergo? Quia occidit, ille meruit, ut hoc pateretur. Tu quid meruisti miser, ut hoc spectes? »Occide, verbera, ure! Quare tam timide incurrit in ferrum? Quare parum audacter occidit? Quare parum libenter moritur? Plagis agatur in vulnera, mutuos ictus nudis et obviis pectoribus excipiant.« Intermissum est spectaculum: »Interim iugulentur homines, ne nihil agatur«. Age, ne hoc quidem intellegitis mala exempla in eos redundare, qui faciunt? ...

LWS 5, 9, 11, 12
cāsū *Abl.*: zufällig
merīdiānus: am Mittag, Mittags-
sāl, is *m.*: Salz, Witz, Spaß
laxāmentum: Erholung
cruor, ōris *m.*: Blutvergießen
quidquid: was auch immer; alles, was
omittere, mīsī, missum: aufgeben, sein lassen
nūgae, ārum *f.*: Scherz, Spaß
merus: rein
homicīdium: Mord
tegere: bedecken, schützen
ictus, ūs *m.*: Schlag, Hieb
expositus: preisgegeben, ausgesetzt
manum mittere: ausholen, zuschlagen

plērīque: die meisten
ōrdinārius: regulär, »normal«; *Gladiatoren, die mit regulären Waffen kämpften*
pār, paris *m.*: Kampfpaar, Gegner
postulāticius: (vom Volk) verlangt, Publikumsliebling
praeferre: vorziehen
quidnī: warum nicht?
galea: Helm
quō: wozu
mūnīmentum: Schutz
mora: Aufschub, Verzögerung
ursus: Bär
obicere: vorwerfen
interfector, ōris *m.*: Mörder
iubent: *Subj.* die Zuschauer
dētinēre: bewahren, am Leben lassen
exitus, ūs *m.*: Schluss, Ende
ferrō et īgne: *die Gladiatoren wurden so zum Weiterkämpfen getrieben*
dum: bis
vacāre: leer sein

latrōcinium: Raub
quārē: weshalb, warum
incurrere: hineinlaufen
in ferrum: *erg.* des Gegners
plāga: Schlag
mūtuus: gegenseitig
nūdus: nackt
obvius: entgegengestreckt, offen dargeboten.
intermittere, mīsī, missum: unterbrechen
iugulāre: die Kehle durchschneiden
age: nur zu, nur weiter so!
redundāre in aliquem: auf jdn. zurückströmen, zurückfallen

Kosmetik und Schmuck

Text 23

Der Schmuck der Neureichen (Petron, *Satyrica* 67, 6–10)

(6) Eo deinde perventum est, ut Fortunata armillas suas crassissimis detraheret lacertis Scintillaeque miranti ostenderet. Ultimo etiam periscelides resolvit et reticulum aureum, quem ex obrussa esse dicebat. **(7)** Notavit haec Trimalchio iussitque afferri omnia et »videtis«, inquit, »mulieris compedes: sic nos barcalae despoliamur. Sex pondo et selibram debet habere. Et ipse nihilo minus habeo decem pondo armillam ex millesimis Mercurii factam«. **(8)** Ultimo etiam, ne mentiri videretur, stateram iussit afferri et circumlatum approbari pondus. **(9)** Nec melior Scintilla, quae de cervice sua capsellam detraxit aureolam, quam Felicionem appellabat. Inde duo crotalia protulit et Fortunatae in vicem consideranda dedit et »domini«, inquit, »mei beneficio nemo habet meliora«. **(10)** »Quid?«, inquit Habinnas, »excatarissasti me, ut tibi emerem fabam vitream. Plane, si filiam haberem, auriculas illi praeciderem. Mulieres si non essent, omnia pro luto haberemus; nunc hoc est calidum meiere et frigidum potare«.

LWS 2, 7, 9
eō, ut + *Konj.*: so weit, dass.
Fortūnāta: *Frau des Gastgebers Trimalchio*
armilla: Armband; *wurde am Handgelenk getragen*
crassus: dick, fett
dētrahere, trāxī, tractum: losmachen, ausziehen
lacertus: Arm
ultimō *Adv.*: zuletzt
periscelis, idis *f.*: Beinreif; *wurde unmittelbar über dem Knie getragen*
resolvere, solvī, solūtum: losmachen
rēticulus: Haarnetz
obrussa: sechzehnkarätiges Gold, reines Gold

notāre: bemerken
compēs, pedis *f.*: Fessel
barcala, ae *m.*: Trottel, Depp
dēspoliāre: ausrauben
pondō: Pfund an Gewicht
sēlībra: ein halbes Pfund
mīllēsima: das Tausendstel
ex mīllēsimīs Mercuriī: *gemeint ist wohl:* von dem Tausendstel meines Gewinns, das ich Merkur (dem Gott aller Handelsgeschäfte) gelobt habe; *Trimalchio will wiederum mit seinem Reichtum angeben: Nur ein Tausendstel von dem schon sehr kleinen Teil, den er Merkur versprochen hatte, hat seine so wertvolle Spange aufgebraucht.*

statēra: Waage
circumferre, tulī, lātum: herumgeben, herumgehen lassen
approbāre: bestätigen, prüfen

cervīx, īcis *f.*: Nacken, Hals
capsella: Kapsel, Medaillon
aureolus: schön aus Gold gemacht
Fēlīciō, ōnis *m.*: Glücksmännchen
inde *Adv.*: daraus
crotalia, ōrum *n.*: Ohrgehänge
prōferre, tulī, lātum: zum Vorschein bringen
in vicem: abwechselnd, wiederum

excatarissare: bis aufs Blut quälen
excatarissāstī = excatarissāvistī
faba: Perle *erg.* des Ohrgehänges
vitreus: aus Glas
plānē *Adv.*: wirklich
auricula: Ohrläppchen
praecīdere: abschneiden
lutum: Dreck
aliquid prō lutō habēre: etw. für Dreck halten
nunc hoc est: nun heißt es
calidus: warm, heiß
mēiere: pissen
pōtāre: trinken, saufen

Text 24

Der Dichter Ovid gibt in seiner *Ars amatoria* (Liebeskunst) Frauen Ratschläge für ihre Kleidung (3, 185–192).

Quot nova terra parit flores, cum vere tepenti
    vitis agit gemmas pigraque fugit hiems,
lana tot aut plures sucos bibit. Elige certos:
    Nam non conveniens omnibus omnis erit.
Pulla decent niveas: Briseida pulla decebant:
    Cum rapta est, pulla tum quoque veste fuit.
Alba decent fuscas. Albis, Cephei, placebas:
    Sic tibi vestitae pressa Seriphos erat.

Ovid fährt mit Ratschlägen für das Make-up fort (*Ars amatoria* 3, 199–204).

Scitis et inducta candorem quaerere creta.
    Sanguine quae vero non rubet, arte rubet.
Arte supercilii confinia nuda repletis,
    parvaque sinceras velat aluta genas.
Nec pudor est oculos tenui signare favilla,
    vel prope te nato, lucide Cydne, croco.

LWS 3
tot – quot: so viele wie
vēr, vēris *n.*: Frühling
tepēre: lau, mild sein
vītis, is *f.*: Weinstock
gemma: Knospe
piger: träge
sūcus: Saft
ēligere: auswählen
conveniēns, ientis + *Dat.*: passend zu.
pullus: dunkel(farbig)
decēre aliquem: jdm. gut stehen
niveus: schneeweiß.
Brīsēis, idos *Akk.* -ida: Briseis, Tochter des Brises; *bei einem Raubzug der Griechen wurde sie von Achill als Sklavin und Geliebte mitgenommen.*
albus: weiß
fuscus: dunkel
albīs: *erg.* vestibus
Cēphēis, idos *Vok.* -ëi: Tochter des Cepheus, Andromeda; *Andromeda soll einem Meerungeheuer, das Menschen und Vieh verschlingt, als Opfer ausgeliefert werden und wird an einen Felsen gefesselt. Perseus befreit sie, macht sie zu seiner Frau und zieht zur Insel Seriphos.*
vestīre: kleiden
Serīphos, ī *f.*: die Insel Seriphos
tibi pressa Serīphos erat: Seriphos wurde von dir *(Dat. auctoris)* betreten

indūcere: auftragen
candor, ōris *m.*: weiße Hautfarbe
crēta: Kreide
sanguis, inis *m.*: Blut
rubēre: rot sein
supercilium: Augenbraue
cōnfinium: Grenzlinie, Ende
nūdus: nackt
replēre: ausfüllen
sincērus: ungeschminkt
vēlāre: bedecken
alūta: Schönheitspflästerchen
gena: Wange
sīgnāre: hervorheben
favilla: Asche
nāscī, nātus sum: wachsen
lūcidus: klar
Cydnus: *Fluss in Kleinasien*
crocus: Safran

Essen und Trinken

Text 25

Einladung zum Essen an den befreundeten Dichter Iulius Cerialis (Martial, *Epigramme* 11, 52)

Cenabis belle, Iuli Cerialis, apud me;
condicio est melior si tibi nulla, veni.
Octavam poteris servare; lavabimur una:
Scis, quam sint Stephani balnea iuncta mihi.
Prima tibi dabitur ventri lactuca movendo
utilis, et porris fila resecta suis,
mox vetus et tenui maior cordyla lacerto,
sed quam cum rutae frondibus ova tegant;
altera non deerunt tenui versata favilla,
et Velabrensi massa coacta foco,
et quae Picenum senserunt frigus olivae.
Haec satis in gustu. Cetera nosse cupis?
Mentiar, ut venias: pisces, conchylia, sumen
et chortis saturas atque paludis aves,
quae nec Stella solet rara nisi ponere cena.
Plus ego polliceor: nil recitabo tibi,
ipse tuos nobis relegas licet usque Gigantas,
rura vel aeterno proxima Vergilio.

LWS 4, 7, 8, 9, 11
bellus: schön
octāvam: *erg.* hōram
servāre: einhalten, abpassen
iūnctus: nahe gelegen
ventrī movendō: zur Verdauungsanregung
lactūca: Lattich, Gartensalat
porrum: Porree, Lauch
fila, ōrum *n.*: Streifen
porrīs fila resectīs suīs: frisch geschnittene Lauchstreifen
vetus: gedörrt
cordȳla: junge Thunfische
lacertus: Stöcker; *Seefisch, ähnlich Makrele*
rūta: Raute; *aromatisches Gartenkraut*
frōns, frondis *f.*: Laub, Blatt
tegere: bedecken *als Dekoration*
altera: *erg.* ōva
tenuis, e: dünn, fein
versāre aliquā rē: in etw. wenden; *um es gar zu kochen*
favilla: Asche
Vēlābrēnsis, e: velabrensisch; *das Velabrum lag am Aventin; dort wurden Speisen verkauft.*
māssa: Käse
coāctus: geronnen, gedickt
Pīcēnus: picenisch; *Picenum ist eine Landschaft im östlichen Italien um das heutige Ancona herum, berühmt durch Öl und Obst.*
nōsse = nōvisse
conchȳlium: Muschel
sūmen, inis *n.*: Saueuter; *eine Delikatesse*
chōrs, tis *f.*: Hof
satur, ura, urum: satt, fett
palūs, ūdis *f.*: Sumpf
avis, is *f.*: Vogel
rārus: selten
nīl = nihil
relegere: wieder vorlesen
ūsque *Adv.*: in einem fort
tuōs Gigantēs: *gemeint*: dein Werk »Giganten«
rūra *Akk. Pl.*: *gemeint*: dein Werk »Landleben«
Vergilius: Vergil; *Dichter, der etwa 29 v. Chr. das Werk »Georgica« veröffentlichte*

Text 26

Trimalchio gibt Anweisung an seinen Freund, wie sein Grabmal aussehen soll (Petron, *Satyrica* 71, 5–12)

(5) »Quid dicis«, inquit, »amice carissime? Aedificas monumentum meum, quemadmodum te iussi? **(6)** Valde te rogo, ut secundum pedes statuae meae catellam pingas et coronas et unguenta et Petraitis omnes pugnas, ut mihi contingat tuo beneficio post mortem vivere; praeterea ut sint in fronte pedes centum, in agrum pedes ducenti. **(7)** Omne genus enim poma volo sint circa cineres meos, et vinearum largiter. Valde enim falsum est vivo quidem domos cultas esse, non curari eas, ubi diutius nobis habitandum est. Et ideo ante omnia adici volo: ›Hoc monumentum heredem non sequatur‹. **(8)** Ceterum erit mihi curae, ut testamento caveam, ne mortuus iniuriam accipiam. Praeponam enim unum ex libertis sepulcro meo custodiae causa, ne in monumentum meum populus cacatum currat.

(9) Te rogo, ut naves etiam facias plenis velis euntes, et me in tribunali sedentem praetextatum cum anulis aureis quinque et nummos in publico de sacculo effun-

LWS 2, 4, 7, 9, 10, 11, 12

secundum + *Akk.*: unmittelbar an, vor
catella: Hündchen
pingere: malen, abbilden
corōnās: *als Zeichen des Sieges im Gladiatorenkampf*
Petraitēs, is *m.*: Petraites; *ein berühmter Gladiator*
omnēs pūgnās: *Trimalchio hat diese Kämpfe finanziert*
contingit: es wird zuteil, es widerfährt
praetereā: *erg.* rogō
frōns, frontis *f.*: Stirnseite, Front

pōma, ōrum *n.*: Obst(bäume)
omne genus pōma: jede Art Obstbäume
circā + *Akk.*: um ... herum
cinis, eris *m.*: Asche
vīneae: Reben
largiter *Adv.*: reichlich

cultus: gepflegt
ideō *Adv.*: deshalb
hērēs, ēdis *m.*: Erbe
sequī: übergehen an

alicui reī praepōnere: vor etw. hinstellen
cūstōdia: Wache, Bewachung
cacāre: scheißen

vēlum: Segel
tribūnal, ālis *n.*: Ehrenplatz, Tribüne
praetextātus: mit einer praetexta bekleidet; *die* toga praetexta *wurde von Beamten, Priestern und frei geborenen Kindern getragen. Trimalchio hatte ein öffentliches Amt bekleidet und durfte deshalb die* praetexta *tragen.*
pūblicum: Öffentlichkeit, Menge
sacculus: Geldbeutel
effundere: ausschütten

dentem; scis enim, quod epulum dedi binos denarios. **(10)** Faciantur, si tibi videtur, et triclinia. Facias et totum populum sibi suaviter facientem.

(11) Ad dexteram meam ponas statuam Fortunatae meae columbam tenentem; et catellam cingulo alligatam ducat; et cicaronem meum, et amphoras copiosas gypsatas, ne effluant vinum. Et unam licet fractam sculpas, et super eam puerum plorantem. Horologium in medio, ut quisquis horas inspiciet, velit nolit, nomen meum legat.

(12) Inscriptio quoque vide diligenter, si haec satis idonea tibi videtur: ›C. Pompeius Trimalchio Maecenatianus hic requiescit. Huic seviratus absenti decretus est. Cum posset in omnibus decuriis Romae esse, tamen noluit. Pius, fortis, fidelis, ex parvo crevit. Sestertium reliquit trecenties, nec umquam philosophum audivit. Vale: et tu‹.«

Grabstein eines jungen Mädchens von der Insel Paros, um 440 v. Chr.

quod epulum dedī bīnōs dēnāriōs: wie ich einen spendiert habe zu zwei Denaren pro Mann; *ein Denar entspricht etwa 16 Assen, was ungefähr dem Tageseinkommen eines Tagelöhners gleichkommt (vgl. B 21, 1; S. 62f.).*

sibi suāviter facere: es sich gut gehen lassen

dextera: rechte Seite
columba: Taube
cingulum: Bauchgurt
alligāre: anbinden, anleinen
cicarō, ōnis *m.*: Liebling(ssklave)
amphora: Amphore; *großer Krug zum Aufbewahren des Weines*
cōpiōsus: groß, dick
gypsātus: mit Gips verschlossen
effluere: auslaufen lassen
ūnam: *erg.* amphoram
sculpere: meißeln, darstellen
plōrāre: weinen
hōrologium: Sonnenuhr
quisquis: wer auch immer, jeder der

īnscrīptiō, ōnis *f.*: Inschrift
sēvirātus, ūs *m.*: Sevirat, Amt der Sechsmänner; *Augustus hatte dieses Ehrenamt eingeführt; die Aufgabe der* seviri *war die Vorbereitung jährlicher Spiele, wozu sie viel Geld aufwenden mussten.*
decuria: öffentliches Amt
fidēlis, e: treu
crēscere, crēvī, crētum: wachsen, groß werden
sēstertium trecentiēs: 30 Millionen Sesterzen

Text 27

Inschrift auf einem Grabaltar (*CIL* XIII 633) aus Bordeaux

Frontseite: D(is) M(anibus) et memor(iae) Domitiae civis Trever(ae), d(e)f(unctae) an(norum) XX. Leo coniugi kariss(imae) posuit.

Nebenseite: Hic iacet exanimen corpus Domitiae civ(is) Treverae, def(unctae antem diem) V k(alendas) Febr(uarias) Postumo co(n)s(ule).

Die Tote von Oplontis

dīs = deīs
dei mānēs, ium *m.*: die Manen, *Götter der Unterwelt, Totengötter*
Trēvera: die Treverin; *die Treverer waren ein keltisch-germanischer Stamm zwischen Rhein und Maas, Zentrum war* Augusta Treverorum = Trier.
dēfūnctus: gestorben
coniūnx, iugis *f.*: Ehefrau

exanimen *(n.!)*: entseelt, seelenlos
Kalendae, ārum *f.*: Kalenden; Monatsanfang
ante diem V kalendās Februāriās: der fünfte Tag vor den Februarkalenden = der 28. Januar; *der Ausgangstag wird beim Rückwärtszählen mitgerechnet.*
Postumō cōnsule: im Konsulatsjahr des Postumus, *260 n. Chr.*

Arbeitsaufträge und Begleittexte

Arbeitsaufträge zu Text 1

1. Beschreiben Sie Sprache und Stil des Textes: Welche Merkmale und Besonderheiten sind dadurch zu erklären, dass es sich um einen Text aus einem Lehrbuch handelt?
2. a) In welche Abschnitte lässt sich der Tagesablauf des Schülers unterteilen?
   b) Versuchen Sie, die einzelnen Abschnitte mit einer ungefähren Zeitangabe (Uhrzeit) zu versehen.
   c) Vergleichen Sie damit den Tagesablauf eines heutigen Schülers.
3. Aus welcher gesellschaftlichen Schicht stammt dieser Schüler? Geben Sie Belege aus dem Text an.
4. Beschreiben Sie die Art des Unterrichts:
   a) Welche Rolle spielt der Lehrer?
   b) Welche Methoden herrschen vor?
   c) Wie behandelte man Literatur im Unterricht?
   d) Vergleichen Sie Ihren Unterricht damit und bewerten Sie die unterschiedlichen Methoden.

Arbeitsaufträge zu Text 2

1. a) Zitieren Sie das Ziel, das nach Seneca Erziehung erreichen soll.
   b) Welche Hindernisse stehen diesem Ziel im Wege?
   c) Beschreiben Sie den Weg zum Ziel, den Seneca für richtig hält.
2. Erläutern Sie den Vergleich *(pueri ad praescriptum ... iuvatur)*:
   a) Nennen Sie Original und Bild des Vergleichs: Wer oder was wird womit verglichen?
   b) Welche Aussage des Textes soll durch den Vergleich verdeutlicht werden?
3. Nehmen Sie Stellung zu dem genannten Erziehungsziel und zum dargestellten pädagogischen Prinzip, indem Sie zeigen:
   a) welche Erziehungsziele Sie für richtig halten,
   b) welche Methoden zu diesem Ziel führen können.

Arbeitsaufträge zu Text 3

1. Wie beschreibt Cicero sein Verhältnis zu Quintus Mucius Scaevola? Beachten Sie dabei auch den Altersunterschied zwischen Cicero (geboren 106) und Mucius Scaevola.
2. a) In welchen Bereichen wurde Cicero ausgebildet?
   b) Nach welchem Prinzip erfolgte die Ausbildung?
   c) Vergleichen Sie Text 2, S. 13.

Arbeitsaufträge zu Text 4

1. Untersuchen Sie den Aufbau des Gedichts:
   a) In welchen Versen wird der Lehrer angesprochen?
   b) In welchen Versen bezieht sich der Autor mit ein?
2. Welchem Sachfeld lassen sich sehr viele Wörter dieses Gedichts zuordnen?
3. a) Wie wird der Lehrer bezeichnet?
   b) Welche Bilder verwendet der Autor, um den Lehrer zu charakterisieren, und was sollen die Bilder zeigen?
4. a) Durch welche Ausdrücke und Formulierungen erweist sich das Gedicht als Satire (vgl. B 4, 1)?
   b) Welche Stilmittel unterstreichen den satirischen Charakter des Gedichts?
5. a) Was stört Martial an der Person des Lehrers?
   b) Welches Ansehen hatte der Lehrer in der römischen Gesellschaft (vgl. B 4, 2)?
   c) Vergleichen Sie das Ansehen des Lehrers in unserer Gesellschaft.

Begleittexte zu Text 4

B 4, 1. *Satire* ist eine Literaturform, die mit Spott, Ironie und Übertreibung Personen, Ereignisse, Verhältnisse oder Zustände kritisieren oder verächtlich machen will (nach: Der Neue Brockhaus Bd. 4, Wiesbaden [7]1985, S. 529).

B 4, 2. Der römische Lehrer mietete einen Laden an, in dem er unterrichtete. Oft war der Unterrichtsraum nur durch einen Vorhang von den Geräuschen der Stadt getrennt. Von seinem Einkommen, das ihm die Eltern für den Unterricht ihrer Kinder bezahlten, konnte der Lehrer kaum leben, sodass er oft Nebenberufe ausüben musste. Lohnarbeit galt in der römischen Gesellschaft als niedrige Arbeit, daher genoss auch der Lehrberuf, den oft Sklaven ausübten, nur geringes Ansehen. Dabei waren die Anforderungen, die die Gesellschaft an den Lehrer stellte, erheblich: Er musste fachlich qualifiziert sein, sollte den Schülern Werte und Moral vermitteln und musste bei alledem noch aufpassen, dass die Schüler in ihren Schulbänken nichts Unanständiges trieben, bemerkt der Satiriker Juvenal augenzwinkernd (7, 229–241).

Literatur:

H.-I. Marrou, Geschichte der Erziehung im klassischen Altertum, herausgegeben von R. Harder, Freiburg/München 1957, S. 392–393.

K.-W. Weeber, Alltag im Alten Rom, Zürich [2]1995, S. 311–316.

Arbeitsaufträge zu Text 5

1. a) Worauf kommt es im Leben und damit auch in der Ausbildung nach der Meinung des Gastes an?
   b) Wie spiegeln sich die Lebenseinstellung und Ausbildung des Sprechers in seiner Sprache?
2. Vergleichen Sie diese Einstellung mit B 5:
   a) Weshalb schickte der Vater des Horaz seinen Sohn nach Rom zur Ausbildung?
   b) Was sollte er dort lernen?
   c) Wozu dient nach Horazens Meinung vorrangig Bildung?
   d) Nehmen Sie Stellung zu den beiden gegensätzlichen Auffassungen.

Begleittext zu Text 5

Der Dichter Horaz schreibt über seinen Vater (*Satiren* 1, 6, 71–88):
Bescheiden lebte er mit seinem mageren Stück Land und wollte mich doch nicht in die Elementarschule des Flavius schicken *(die Grundschule in Venusia (Apulien), dem Geburtsort des Horaz)*, wohin die stolzen Buben der stolzen Hauptleute gingen, mit Rechenkasten und Tafel an der linken Hand, und acht As *(ein besonders geringer Betrag, etwa 40 Pfennig)* entrichteten sie im Monat.
Nein, er wagte es, sein Kind nach Rom zu bringen; dort sollte man ihm die Wissenschaften *(Grammatik, Metrik, Rhetorik, griechische Literatur)* beibringen, die jeder Ritter und Senator seine Sprösslinge lernen lässt. Wenn einer meine Kleidung und die Sklaven, die mir folgten, trotz des großen Getümmels gesehen hätte, dann hätte er meinen müssen, dass aus uraltem Erbe jene Aufwendungen flossen. Er selbst half mir als völlig unbestechlicher Beistand bei allen Lehrern. Was muss ich viel reden? In Anstand, dem wichtigsten Ehrentitel der Tugenden, hat er mich bewahrt, unbehelligt nicht nur von jeder bösen Tat, sondern auch von übler Nachrede. Er fürchtete nicht, dass einer es ihm zur Last legen würde, wenn ich einst als Ausrufer *(d.h. als öffentlicher Diener bei Gericht, den Volksversammlungen, Schauspielen ...)* oder, was er selbst war, als Makler geringem Verdienst nachginge; auch ich hätte mich nicht darüber beklagt. Aber um so größeres Lob und um so mehr Dank schulde ich ihm jetzt.

Arbeitsaufträge zu Text 6

1. a) Zitieren Sie die Berufe, die Cato nennt; welches Ziel soll mit ihrer Hilfe erreicht werden?
   b) Mit welchen Attributen werden sie versehen?
   c) Erstellen Sie eine Rangfolge der Berufe nach der Wertung Catos.
   d) Wie begründet Cato sein Urteil?
2. Beschreiben Sie die geschichtliche Situation der frühen römischen Republik und erklären Sie so Catos Urteil (vgl. B 6)!

Begleittext zu Text 6

»Von der Bauernstadt zur Weltmacht«, so wird oft die Geschichte Roms kurz zusammengefasst. Im 4. Jahrhundert vor Christus haben selbst die Adligen noch schwere Feldarbeit geleistet und erst nach den punischen Kriegen nahm der Großgrundbesitz zu, während die früheren Bauern zu Pächtern wurden und immer mehr Sklaven die Äcker bewirtschafteten. Cato, der selbst noch mühevolle Landwirtschaft betrieb, schrieb sein Werk *De agricultura* nicht für Kleinbauern, sondern für Großgrundbesitzer. Zugleich entstand in Rom eine Schicht von Städtern, die nicht mehr selbst ihre Güter bewirtschafteten, sondern nur hin und wieder auf dem Land nach dem Rechten sahen. Über den Bauernstand urteilten die Römer auch noch in späterer Zeit positiv; dies hat seine Wurzeln in einem Traditionsbewusstsein, das an die Tugenden der alten Zeit wie den *labor* und den einfachen Lebensstil ohne *luxuria* erinnerte.

Literatur:
M. v. Albrecht, Artikel »Arbeit« in: Der Kleine Pauly, München 1975.

Arbeitsaufträge zu Text 7

1. a) Betrachten Sie den ersten Satz des Textes als Überschrift: In welche Kategorien teilt Cicero Berufe ein?
   b) Stellen Sie aus § 150 und 151 die Begriffe zusammen, die einerseits eine positive und andererseits eine negative Bewertung beinhalten.
   c) Welche Entwicklung können Sie im Verlauf des Textes bezüglich der Bewertungen feststellen?
2. Füllen Sie unten stehende Tabelle aus:
   a) Durch welche gliedernden Wörter werden die einzelnen Berufsgruppen voneinander abgetrennt?
   b) Welche Berufe werden genannt?
   c) Wie werden die Berufe bewertet?
   d) Wie wird die Bewertung jeweils begründet?

Gliedernde Wörter	Berufe	Wertung	Begründung
(1) primum	portitores feneratores	improbantur	qui in odia incurrunt: *keine gesellschaftliche Anerkennung*
(2)			
(3)			

3. a) Welche Bedingungen werden an eine positive Bewertung der Berufe geknüpft?
   b) Mit welchen stilistischen Mitteln wird das beste Urteil hervorgehoben?
   c) Welche Vorstellung hat Cicero wohl von *agri cultura* (letzter Satz; vgl. B 6)?

4. Fassen Sie zusammen:
   a) Welche Maßstäbe wählt Cicero für die Bewertung eines Berufes (vgl. auch B 4, 2, S. 44)?
   b) Wie lässt sich Ciceros Urteil aus der Struktur der römischen Gesellschaft und Ciceros eigener gesellschaftlicher Stellung erklären?
5. Vergleichen Sie die moderne Gesellschaft:
   a) Welche Berufe sind heute besonders hoch bzw. besonders gering angesehen?
   b) Welche Maßstäbe wählt die moderne Gesellschaft?
   c) Wie lassen sich die Unterschiede zur römischen Gesellschaft erklären?

Arbeitsaufträge zu Text 8

1. Beobachten Sie Form und Stil des Textes:
   a) Woran erkennt man, dass es sich um einen Abschnitt aus einem Handbuch handelt?
   b) In welcher sprachlichen Form erscheinen die Aufforderungen und Empfehlungen?
2. a) Welches Vorgehen empfiehlt Cato dem *pater familias* bei der Besichtigung des Landgutes?
   b) Auf welche Faktoren hat er bei jedem dieser Schritte besonders zu achten?
   c) Beschreiben Sie das Verhältnis zwischen *pater familias* und *vilicus* (vgl. B 8, 1).
   d) Welche Prinzipien müssen bei der Bewirtschaftung eines Landgutes gelten; ziehen Sie auch B 8, 2 hinzu.
3. a) Wie empfanden wohl der Verwalter, wie die Sklaven den Besuch des Patron?
   b) Wie gestaltete sich der Alltag eines solchen Grundbesitzers, wie lebte die Mehrheit der römischen Bevölkerung (vgl. B 8, 3)?
   c) Bewerten Sie auf diesem Hintergrund Ciceros Urteil über die verschiedenen Berufe (vgl. Text 7, S. 18).

Begleittexte zu Text 8

B 8, 1. Der *vilicus*, Verwalter, war die zentrale Person auf den Landgütern; auf seine Zuverlässigkeit war der Patron, der in der Stadt wohnte, angewiesen. So stellt Cato (*De agricultura* 5, 1–7) hohe Anforderungen an ihn: Er soll auf dem Landgut bleiben und nicht durch die Gegend ziehen, nicht bei anderen Leuten essen, soll nicht trinken und darauf achten, dass alle Befehle des Herrn erfüllt werden. Dabei darf er nicht meinen, er sei gescheiter als der Herr. Häufig soll er dem Herrn Rechenschaft ablegen über den Stand des Gutes. Die wichtigen religiösen Kulthandlungen bleiben Sache des Patrons. Als Erster soll der Verwalter aufstehen, als Letzter zu Bett gehen.
Der römische Schriftsteller Columella hebt etwa zwei Jahrhunderte später ebenfalls die Bedeutung des Verwalters hervor (*De re rustica* 11, 1, 14): Er muss den Knechten als Vorbild vorangehen, als Erster aufs Feld ziehen und darf nach der Abenddämmerung niemanden hinter sich zurücklassen.

B 8, 2. In seinem Handbuch zur Landwirtschaft nimmt Columella auch Stellung zur Organisation der Arbeit (*De re rustica* 1, 9, 1–8): Man müsse genau überlegen, welche Sklaven man für welche Arbeiten einsetze; als Oberhirte beim Kleinvieh brauche man fleißige und sehr ordentliche Leute, als Ochsentreiber Leute mit viel Kraft und starker Stimme. Am Pflug könne man vor allem groß gewachsene Sklaven brauchen, für die Weingärten seien breit gebaute und muskulöse Männer erforderlich. Auf jeden Fall sei die Arbeit so einzuteilen, dass nicht jeder für jede Aufgabe eingesetzt werde. Denn sonst empfinde der Einzelne seine Arbeit nicht als persönliche Sache, sondern als Gemeinschaftsaufgabe, und entziehe sich nur der Arbeit. Auch solle man keine größeren Gruppen als solche von zehn Mann bilden, weil sonst die Arbeit nicht zu überwachen sei. Eine Einteilung in kleine Gruppen rege den Wetteifer untereinander an und entlarve die Trägen.

B 8, 3. Auf etwa vier Fünftel der Bevölkerung auf dem Gebiet des heutigen Italien trifft die Beschreibung Columellas zu. Das letzte Fünftel lebte in Rom und wiederum ein ganz kleiner Prozentsatz konnte sich ein Urteil über den Wert der Berufe leisten, wie es Cicero fällt (vgl. Text 7, S. 18). Fünftagewoche mit Wochenende ist eine Einteilung, die den Römern fremd war; über den jüdischen Sabbat machte man sich lustig. Dafür gab es viele Feiertage: Ihre Zahl schwankte in der Kaiserzeit zwischen 130 und 176. Feiertag bedeutete jedoch nur Arbeitsruhe für das öffentliche Leben, während es z.B. keinem verboten war, seinen Laden zu öffnen. Auch auf dem Land war die Arbeitsruhe an den Feiertagen die Ausnahme.
Die große Mehrheit der *plebs* besaß nichts und verdiente sich das Brot für den betreffenden Tag. Der arme Krämer in Pompeji hatte seine Wohnung im Laden, genauer: in einem Verschlag über dem Laden, während der reiche Kaufmann ein eigenes, großes Stadthaus *(domus)* besaß. Dass die von Cicero gering geschätzten Handwerker durchaus stolz auf ihren Beruf waren, zeigen viele Grabsteine, auf denen die Tätigkeit des Verstorbenen mit Selbstbewusstsein dargestellt wurde. Die Handwerker waren in Kollegien zusammengeschlossen, die vor allem Geselligkeit und Heimat boten.
Viele Menschen waren auf soziale Leistungen angewiesen; es gab aber weder Kranken-, noch Arbeitslosigkeits-, noch Rentenversicherung. Öffentliche und private Getreide- und Ölspenden konnten hier und da die größte Not lindern und stellten eine Art Sozialhilfe dar. Durch sie konnte der Spender einen Popularitätsgewinn erlangen. Rund 200.000 Römer hatten (nur in der Hauptstadt) Anspruch auf die Kornverteilungen, die aber nicht ausreichten, um eine Durchschnittsfamilie zu ernähren. Für Kindergeld gab es keinen rechtlichen Anspruch; aber immerhin gründeten reiche Privatleute sogenannte Alimentarstiftungen. Aus dem Anlagekapital wurden die Erträge als Kindergeld ausgeschüttet. Diesem Beispiel folgte etwa ab Ende des 1. Jahrhunderts auch der Kaiser.

Literatur:

P. Veyne, Das Römische Reich, in: P. Ariès, G. Duby (Hg.): Geschichte des privaten Lebens, Bd. 1, Frankfurt a. Main 1989, S. 126–139.
K.-W. Weeber, Alltag im Alten Rom, Zürich ^{2}1995, S. 22–24; 25–27; 162–164; 200–202; 332–337; 403–406.

Arbeitsaufträge zu Text 9

1. a) Nennen Sie die Grundthese Columellas zur Rollenverteilung von Frau und Mann.
   b) Beachten Sie die Konnektoren, mit denen die einzelnen Sätze des Textes verknüpft sind; wie versucht Columella offenbar, seine These zur Rollenverteilung zu stützen?
   c) Wie begründet Columella seine Ansicht?
2. a) Welche Aufgaben haben Frau und Mann zu erfüllen?
   b) In welcher Hinsicht sind Frau und Mann gleichberechtigt?
   c) Zerlegen Sie den Text in Einzelthesen: die Frau ist ..., der Mann ist ...
3. a) Nehmen Sie zu jeder These aus heutiger Sicht Stellung.
   b) Machen Sie eine Umfrage in Ihrer Klasse: Wie werden die einzelnen Thesen heute beurteilt?
   c) Wie wurde die Arbeit der Frauen in den dreißiger Jahren bewertet; beschreiben Sie das Frauenbild, das sich in dem Gesetzesausschnitt widerspiegelt (B 9).

Begleittext zu Text 9

Entlassung von Beamtinnen

§1 (1) Verheiratete weibliche Reichsbeamte sind jederzeit auf ihren Antrag aus dem Beamtenverhältnis zu entlassen.
(2) Die vorgesetzte Dienstbehörde kann die Entlassung auch ohne diesen Antrag verfügen, wenn die wirtschaftliche Versorgung des weiblichen Beamten nach der Höhe des Familieneinkommens dauernd gesichert erscheint.

Aus dem »Gesetz über die Rechtsstellung der weiblichen Beamten« vom 30.5.1932; zitiert nach: Geschichte lernen, Heft 39 (Frauenarbeit) 1994, S. 50.

Arbeitsaufträge zu Text 10

1. Gliedern Sie den Text, indem Sie darauf achten, an welche Person sich jeweils die Anweisungen bzw. Verbote richten.
2. Welche Aufgaben hat die Verwalterin zu erfüllen, auf welche Bereiche erstrecken sich die Verbote?
3. Beschreiben Sie das Verhältnis zwischen Hausherr und Verwalter/Verwalterin sowie zwischen dem Verwalter und seiner Frau.
4. Vergleichen Sie die erwähnten Nahrungsmittel mit unserer Lebensweise.
5. Vergleichen Sie Text 10 mit B 10.

Begleittext zu Text 10

Die bäuerliche Gesellschaft des 19. Jahrhunderts ist von vielen Abhängigkeitsverhältnissen bestimmt. Die Stein-Hardenbergschen Reformen von 1807 brachten keineswegs eine gänzliche Aufhebung der Leibeigenschaft. Die Abhängigkeit betraf die Arbeit, aber auch das persönliche Leben. Ohne gutsherrliche Erlaubnis konnte bis 1868 keine Ehe eingegangen werden. Vielerorts galt die Patrimonialgerichtsbarkeit, die z.B. die Züchtigung von Männern und Frauen erlaubte. In Regionen mit einer selbstständigen Bauernschaft waren die Frauen als volle Arbeitskraft integriert. In der Saison halfen sie auf dem Feld, sonst waren Haus, Stall, Garten ihr Arbeitsbereich. Die Eheschließung wurde zwischen dem künftigen Ehemann und dem Vater der Braut ausgehandelt. Bei solcher Fremdbestimmung gab es auch unpassende Ehen zwischen einem alten Mann und einer jungen Frau. Welches Leid Frauen, die verlassen wurden oder ein uneheliches Kind hatten, erfuhren, kann man nur erahnen. Es mag durchaus harmonische und freundliche Ehen gegeben haben, die Grundeinstellung der Männer gegenüber den Frauen hatte aber etwas Demütigendes. Werdenden Müttern schenkte man wenig Anteilnahme und die Schwangeren mussten bis zuletzt arbeiten. »Kühverrecke, großer Schrecke; Weibersterbe, kein Verderbe«, lautet ein Spruch aus dem Hessischen (19. Jh.).

Literatur:

I. Weber – Kellermann, Frauenleben im 19. Jahrhundert, München 1983, S. 41–43; S. 75–93.

M. Vasold, »Der Herr hat's gegeben, der Herr hat's genommen«, Säuglingssterblichkeit in Deutschland von 1800 bis heute, in »Die Zeit« Nr. 10, 28. Februar 1992, S. 45–46.

Arbeitsaufträge zu Text 11

1. a) Nennen Sie die Eigenschaften, Fähigkeiten und Taten Sempronias.
   b) Wie werden diese jeweils von Sallust beurteilt: Versuchen Sie, das Urteil des Sallust über die einzelnen Punkte auf einer Skala von minus 5 bis plus 5 einzutragen.
   c) Wie würden Sie jeweils urteilen?
   d) Mit welchen sprachlichen und stilistischen Mitteln hebt Sallust den zwiespältigen Charakter der Sempronia hervor?
2. Werten Sie den Text als historische Quelle aus:
   a) Wie konnte offenbar eine Frau der Oberschicht in Rom leben (vgl. B 11, 1)?
   b) Vergleichen Sie mit dem Leben auf dem Land (z.B. Text 9, S. 21).
3. a) Vergleichen Sie das Idealbild, das für das Leben einer Frau der Oberschicht galt, mit der gesellschaftlichen Realität, in der die Mehrzahl der Frauen lebten (vgl. B 11, 2).
   b) Informieren Sie sich aus B 11, 3 über die rechtliche Stellung der Frau in der römischen Gesellschaft und ihre Möglichkeiten zur Emanzipation.

Begleittexte zu Text 11

B 11, 1. Der Dichter Ovid (43 v. Chr.-18 n. Chr.) gibt in seiner *Ars amatoria* den Mädchen in ironischer Form Ratschläge: Was sollen sie lernen, um den Männern gefallen zu können?

Die Frauen sollen lernen zu singen; denn wenn das Aussehen nicht so schön ist, hat bei mancher schon die schöne Stimme ausgeholfen. Auch auf das Musizieren mit der Kithara soll sich eine gebildete Frau verstehen; Orpheus hat ja sogar Felsen und Tiere durch seine Leier zum Weinen bewegt. Griechische und römische Dichter, vor allem natürlich die Liebesdichtung, zu kennen, bringt erhebliche Vorteile. Die Kunst, mit Anmut zu tanzen, kann nur nützlich sein, auch im Würfelspiel soll sich die Frau auskennen.

nach: *Ars amatoria* 3, 315–356

B 11, 2. Überliefert sind 103 Frauenberufe. Als berufstätige Frauen werden genannt: Ammen und Hebammen, Ärztinnen, Erzieherinnen, Friseusen, Kosmetikerinnen, Verkäuferinnen (Wein, Öl, Obst, Gemüse, Fisch, Flaschen, Leinen, Spiegel, Juwelen, Purpurkleidung, Seide, Parfüm). Im Bereich des Handwerks waren Frauen vor allem im Textilgewerbe tätig. Selten begegnen Frauen in akademischen und künstlerischen Berufen; nur hier und da sind Juristinnen, Malerinnen, Dichterinnen oder Philosophinnen genannt. Viele Frauenberufe finden sich hingegen im Unterhaltungsbereich: Schauspielerinnen, Musikantinnen, Sängerinnen, Tänzerinnen, sogar Gladiatorinnen. Sie alle genossen einen ebenso schlechten Ruf wie der gesamte Gastronomiebereich; die Wirtin war oft zugleich auch Prostituierte.

Literatur:
K.-W. Weeber, Alltag im Alten Rom, Zürich ^{2}1995, S. 92–95.

B 11, 3. Bei der Auswertung der Quellen zum Thema *Frau in der Antike* ist immer zu berücksichtigen, dass die Historiker, Satiriker und Dichter Männer waren. Die tatsächliche gesellschaftliche Stellung der Frau veränderte sich im Lauf der Jahrhunderte im Altertum stark. Von großer Bedeutung sind ebenfalls die Unterschiede zwischen Stadt und Land sowie Arm und Reich. Die rechtliche Stellung der Frau blieb hingegen über viele Jahrhunderte hinweg fast unverändert: Sie war keine juristische Person und besaß bis zum 1. Jh. v. Chr. keine Geschäftsfähigkeit, auch wenn sie als *matrona* (verheiratete, frei geborene Frau) ein hohes Ansehen genoss. Bei der Eheschließung wurde sie von der *patria potestas* (der absoluten Gewalt des Familienoberhauptes über die ganze *familia*) in die Gewalt des Mannes *(in manum)* »überführt«; dies konnte sich in verschiedenen Formen vollziehen:

- Die *confarreatio* war die feierlichste Form: In Anwesenheit eines Priesters und vor zehn Zeugen wird den Göttern geopfert. Gegen diese Form opponierten die Frauen immer mehr, nicht zuletzt, weil die Scheidung schwierig war.
- Bei der *coemptio*, einem Überbleibsel des primitiven Brautkaufs, übergab der Vater in Anwesenheit von fünf Zeugen zu einem symbolischen Kaufpreis von einem As (= wenige Pfennige) die Tochter dem Ehemann.
- Bei der *usus*-Ehe musste die Frau ein Jahr lang mit ihrem Mann zusammenwohnen; dabei durfte sie nicht drei Nächte (und mehr) hintereinander außerhalb des Hauses verbringen, wenn sie in die Rechtsgewalt des Mannes *(in manum)* übergehen sollte/wollte.

Bei dieser letzten Eheform bot sich die Möglichkeit der *emancipatio*, indem die Dreitagefrist regelmäßig überschritten wurde. Auch die Frage der Geschäftsfähigkeit geriet immer mehr zur reinen Formsache: Die Frau besorgte sich einfach einen Vormund als Strohmann. Ehen waren in der Oberschicht oft politisch motiviert, und auch sonst war die Ehe meist eine »Zweckgemeinschaft«.

Als Mindestalter für die Heirat waren 12 Jahre (Frauen) und 14 Jahre (Männer) festgelegt. Neuere Auswertungen belegen jedoch, dass das Durchschnittsalter bei Frauen bei etwa 20 und bei Männern bei 27–30 Jahren gelegen hat.

Sklaven wurde ein eheähnliches Verhältnis zugestanden, das nicht *matrimonium*, sondern *contubernium* genannt wurde. Sie gehörten ebenso wie die Kinder aus der Verbindung zur *familia* und unterstanden somit der *patria potestas.*

Mit seiner *patria potestas* entschied der Vater auch darüber, ob ein Kind in die Familie aufgenommen wurde oder nicht. »Wenn es ein Mädchen ist, setz' es aus«, schreibt ein ägyptischer Lohnarbeiter an seine Frau. Kinderaussetzung war ebenso wie Abtreibung ein Mittel der Familienplanung und geschah vor allem aus sozialer Not. Ausgesetzte und adoptierte Kinder konnten wie Sklaven behandelt werden; die Kindersterblichkeit war hoch, wie viele Grabinschriften zeigen.

Literatur:

D. Balsdon, Die Frau in der römischen Antike, München 1979.

J. Bleicken, Verfassungs- und Sozialgeschichte des römischen Kaiserreichs, Bd. 1, Paderborn u.a. ³1989, S. 332ff.

S.-A. Fusco, Familie und Erziehung in der römischen Antike, in: H. Reif (Hg.), Die Familie in der Geschichte, Göttingen 1982, S. 10–27.

J. F. Gardner, Frauen im antiken Rom, Familie, Alltag, Recht, München 1995.

P. Veyne, Das Römische Reich, in: P. Ariès, G. Duby (Hg.): Geschichte des privaten Lebens, Bd. 1, Frankfurt a. Main 1989, S. 79 ff.

K.-W. Weeber, Alltag im Alten Rom, Zürich ²1995, S. 75–77; 176–177; 203–204.

Arbeitsaufträge zu Text 12

1. Welche Ausdrücke bezeichnen
   a) die gesundheitlichen Schäden, die durch die Arbeit hervorgerufen werden,
   b) die schlechte Behandlung der Sklaven durch ihre Herren?
2. Wodurch sind die Arbeiter als Sklaven zu erkennen?
3. a) Beschreiben Sie den Stil des Textabschnitts.
   b) Welche Wirkung erzielen die stilistischen Besonderheiten?
4. a) Wie ging man mit Sklaven um, und welche Funktion hatten Sklaven für die Wirtschaft (vgl. B 12)?
   b) Für welche Arbeiten wurden Sklaven eingesetzt?
   c) Wie werden heute solche Arbeiten verrichtet?
5. a) Informieren Sie sich über Sklaverei und Sklavenhandel zu Beginn der Neuzeit.
   b) Suchen Sie nach Zeitungsberichten, die von Menschen erzählen, die auch heute unter vergleichbaren, sklavischen Bedingungen ihr Leben fristen.

Begleittext zu Text 12

Die antike Wirtschaft basierte in großem Umfang auf der Arbeitskraft der Sklaven, denn Lohnarbeit genoss wenig Ansehen und wurde daher von Angehörigen höherer Schichten nicht ausgeführt. Die Schätzungen, wie groß das Heer der Sklaven war, sind unterschiedlich: Man nimmt im Allgemeinen an, dass zwischen 100 v. Chr. und 100 n. Chr. etwa ein bis zwei Millionen Sklaven – bei ca. fünf bis sechs Millionen Freien und Bürgern – in Italien lebten *(Veyne)*. Die meisten Sklaven arbeiteten in den Handwerksbetrieben. In Familien der Oberschicht lebten Dutzende von Sklaven, ja es wird sogar von mehreren Hundert Sklaven berichtet, dem Haushalt einer Mittelschichtfamilie gehörten etwa 1 bis 3 Sklaven an. Dabei waren die realen Lebensverhältnisse sehr unterschiedlich: In der Kaiserzeit konnten Sklaven hohe Stellungen am Hof erringen; Sklaven in einem reichen Haus ging es besser als vielen freien Bauern, weitaus schlechter lebten dagegen Sklaven auf den Landgütern, in Bergwerken oder gar als Ruderer auf Galeeren. Sklaven, die in Mühlen, Manufakturen und Bergwerken arbeiteten, hatten infolge unerträglicher Arbeitsbedingungen nur eine geringe Lebenserwartung.

Trotz alledem wurde die Sklaverei von der römischen Gesellschaft nicht in Frage gestellt. Juristisch betrachtet, waren Sklaven eine Ware und gehörten zum Eigentum ihres Herrn. Dass die Herren Gewalt über Leben und Tod ihrer Sklaven hätten, könne man bei allen Völkern feststellen, schreibt der römische Jurist Gaius um 160 n. Chr.; allerdings sei es im Herrschaftsbereich des römischen Volkes niemandem mehr erlaubt, ohne Maß und ohne Grund gegen seine Sklaven grausam vorzugehen (Gaius, *Institutiones* 1, 53).

Viele Herren lebten in dauernder Angst vor einem Anschlag durch die Sklaven. Der Historiker Tacitus (gestorben um 120 n. Chr.) berichtet (*Annales* 14, 42–45) von einem solchen Mordfall: Der Täter, ein Sklave, habe die Tat begangen, weil sein Herr ihm die Freilassung verweigert habe. Wie in einem solchen Fall üblich, sollten alle Sklaven, die unter demselben Dach wohnten, hingerichtet werden. Nach Diskussionen im Senat setzte sich die harte Linie durch: Die Hinrichtung aller 400 Sklaven des Hauses wurde vollzogen, freilich erst, als man die Straße, auf der man die Verurteilten abführte, gegen das empörte Volk abgesperrt hatte.

Literatur:

J. Bleicken, Verfassungs- und Sozialgeschichte des römischen Kaiserreichs, Bd. 1, Paderborn u.a. [3]1989, S. 332ff.

M. I. Finley, Die Sklaverei in der Antike, Frankfurt a.Main 1985.

Sklaven und Freigelassene in der Gesellschaft der römischen Kaiserzeit, Textauswahl und Übersetzung von W. Eck und J. Heinrichs, Darmstadt 1993.

P. Veyne, Das Römische Reich, in: P. Ariès, G. Duby (Hg.): Geschichte des privaten Lebens, Bd. 1, Frankfurt a. Main 1989, S. 61 ff.; S. 121 ff.

K.-W. Weeber, Alltag im Alten Rom, Zürich [2]1995, S. 324–332.

Arbeitsaufträge zu Text 13

1. Mit welchen Formulierungen beschreibt Columella das Leben der Sklaven in der Stadt?
2. a) Worauf kommt es nach Columella und Cato (Text 8, S. 19f.) bei der Landarbeit an (vgl. Sie auch B 8, 1–3, S. 47f.)?

   b) Welche Einstellung zu den Sklaven zeigt sich in diesen Äußerungen?

Arbeitsaufträge zu Text 14

1. a) Gliedern Sie den Text, indem Sie auf Wortwiederholungen achten.
   b) Zitieren Sie die einzelnen Aufgaben der Sklaven.
2. a) In welchen Formulierungen zeigt sich Senecas Urteil über die Situation der Sklaven und das Verhalten der Herren?
   b) Durch welche Stilmittel wird dieses Urteil unterstrichen?
3. Erklären Sie das Paradoxon (St 2, 24): *Quot ex istis dominos habet* (§ 8).
4. Worauf richtet sich Senecas Kritik?

Arbeitsaufträge zu Text 15

1. Welche Ausdrücke bezeichnen das Verhältnis
   a) des Demetrius zu Martial,
   b) des Martial zu Demetrius?
   c) Welche bezeichnen eine wechselseitige Beziehung?
2. a) In welchen Formulierungen zeigt sich die Zuneigung des Martial zu Demetrius besonders?
   b) Mit welchen stilistischen Mitteln wird die enge Beziehung hervorgehoben?
3. a) Warum lässt Martial Demetrius frei?
   b) Welche weiteren Gründe für die Freilassung eines Sklaven gab es (vgl. B 15, 1)?
   c) Welches Rechtsverhältnis beschreibt der Begriff *patronus* (v. 9; vgl. B 15, 1)?
   d) Welche Konsequenzen hatte eine Freilassung (vgl. B 15, 1)?
4. a) Welche Berufe ergriffen die Freigelassenen (vgl. B 15, 1 und 2)?
   b) Wie charakterisiert Petron die reich gewordenen Freigelassenen?
   c) Wie beurteilte offenbar die »feine« Gesellschaft der Oberschicht diese reichen Freigelassenen?

Begleittexte zu Text 15

B 15, 1. Freilassung, *manumissio*, bedeutete juristisch, den Sklaven von einer Sache zu einer Person zu machen. Der Freigelassene wurde somit römischer Bürger, war aber einem Freigeborenen nicht völlig gleichgestellt. Der Freigelassene hatte z.B. das Recht, eine Ehe einzugehen, während Sklaven nur im Konkubinat, einer Lebensgemeinschaft ohne formelle Eheschließung, leben konnten, wobei das Konkubinat kein anrüchiges Verhältnis war. Die Freigelassenen wohnten zwar meist nicht mehr im Haus ihres Herrn, sie hatten aber regelmäßig zur frühen Morgenstunde ihre Aufwartung bei ihrem ehemaligen Herrn, dem *patronus*, zu machen. Sie waren zu dessen Unterstützung, z.B. bei Wahlen, verpflichtet und hatten Gehorsam zu leisten. Das konnte eine Arbeitsverpflichtung für einige Tage bedeuten, die Abgabe eines Teils ihres Einkommens oder die Pflege des ehemaligen Herrn. Erst die Kinder der Freigelassenen erhielten die völlige Freiheit.
Wenn ein Sklave dem Tod nahe war, wurde er oft freigelassen, damit er ein Anrecht auf die Grabstätte eines freien Mannes hatte. Für die Römer hatte dies eine große Bedeutung: Konnte der Freigelassene doch auf diese Weise bei der Nachwelt die Erinnerung an sich bewahren.
Ein anderer, häufiger Grund für die Freilassung war ein finanzielles Arrangement zwischen

dem Herrn und dem Sklaven: Der Sklave erkaufte sich seine Freiheit. Freigelassene waren oft Handwerker, Kaufleute und Händler und gelangten dabei manchmal zu großem Reichtum, was wiederum Hass und Neid bei der Oberschicht schürte. Der Arztberuf wurde ebenfalls häufig von Freigelassenen ausgeübt; eine Grabinschrift berichtet uns von einem Chirurgen, der für seine Freilassung 50.000 Sesterzen (zum Geldwert s. B 21, 1, S. 62f.) bezahlte; er erwies sich als großer Sponsor für seine Gemeinde beim Aufstellen einer Herkulesstatue und beim Straßenbau. Sein Vermögen wird auf der Inschrift stolz mit 500.000 Sesterzen beziffert (CIL XI 5400).

Literatur:

J. Bleicken, Verfassungs- und Sozialgeschichte des römischen Kaiserreichs, Bd. 1, Paderborn u.a. ^{3}1989, S. 339ff.

M. I. Finley, Die Sklaverei in der Antike, Frankfurt a.Main 1985.

Sklaven und Freigelassene in der Gesellschaft der römischen Kaiserzeit, Textauswahl und Übersetzung von W. Eck und J. Heinrichs, Darmstadt 1993.

P. Veyne, Das Römische Reich, in: P. Ariès, G. Duby (Hg.): Geschichte des privaten Lebens, Bd. 1, Frankfurt a. Main 1989, S. 83 ff.

K.-W. Weeber, Alltag im Alten Rom, Zürich ^{2}1995, S. 95–99.

B 15, 2. Der Dichter Petron (gestorben 66 n. Chr.) erzählt in seinem Roman *Satyrica* von einem Gastmahl bei dem Freigelassenen Trimalchio, einer Fressorgie. Ein Auszug aus einer großspurigen Rede des Gastgebers (Kap. 76, 2–9; die Übersetzung versucht, den Stil der Rede wiederzugeben):

Zum Miterben hat er *(mein Herr)* mich neben dem Kaiser eingesetzt, und ich erhielt ein Erbe, das eines Senators würdig wäre. Und doch ist ja keinem nie nichts genug: Mir kam es in den Sinn, Handel zu treiben. Um euch nicht lange aufzuhalten: Fünf Schiffe habe ich gebaut, Wein geladen – und damals war er Gold wert –, nach Rom geschickt. Du würdest denken, ich hätte es so befohlen: Alle Schiffe erlitten Schiffbruch, Tatsache, kein Spaß! An einem Tag hat doch Neptun dreißig Mille verschlungen. Meint ihr, ich hätte es aufgegeben? Beim Herkules, dieser Verlust hat mich nicht gejuckt, so als ob nichts passiert wäre. Ich habe andere Schiffe gebaut, größere, bessere, die mehr abwerfen, sodass keiner mich nicht einen tüchtigen Mann nannte. Ihr wisst ja: ein großes Schiff bringt große Leistung. Wieder habe ich Wein geladen, Speck, Bohnen, Parfüm, Sklaven. An dieser Stelle hat Fortunata *(Trimalchios Frau)* fromm gehandelt: sie hat nämlich ihr ganzes Gold, alle Kleider verkauft und mir hundert Goldstücke in die Hand gelegt; das war die Hefe für mein Vermögen. Schnell passiert, was die Götter wollen: Mit einer Fahrt habe ich zehn Mille zusammengebracht. Sofort habe ich alle Grundstücke, die meinem Herrn gehört hatten, eingelöst. Ich baue ein Haus, kaufe einen Haufen Sklaven, Lasttiere; was ich anfasste, wuchs wie eine Honigwabe. Nachdem ich anfing mehr zu haben, als meine Heimatstadt hat – Schluss mit dem Ganzen. Ich zog mich aus dem Geschäft zurück und begann den Geldverleih an Freigelassene.

Arbeitsaufträge zu Text 16

1. a) Wie wird das im ersten Satz genannte Thema *frequentia* im Folgenden wieder aufgenommen und vertieft?
   b) Welche Funktion haben dabei die Stilmittel?
2. a) Stellen Sie zusammen, aus welchen Gründen die verschiedenen Personengruppen nach Rom kommen.
   b) Ersetzen Sie die hier genannten Gründe durch vergleichbare moderne.
   c) Welche Motive fehlen in der antiken Darstellung im Vergleich zu heute und umgekehrt: Welche antiken Motive sind heute bedeutungslos?
3. a) Welches Rombild entwirft Seneca hier (vgl. auch B 16)?
   b) Welche Zielsetzung verfolgt er dabei (vgl. die Überschrift)?

Begleittext zu Text 16

Die Einwohnerzahl Roms wuchs nach der Gründung im 8. Jahrhundert v. Chr. schnell. Für das 3. Jh. v. Chr. hat man eine Zahl von etwa 90.000 Einwohnern, die in der Stadt selbst lebten, berechnet. Durch die Kriege im 2. Jahrhundert v. Chr. nahm die Zahl der Sklaven stark zu, Forscher gehen von einem Sklavenanteil an der Gesamtbevölkerung von etwa 30% aus, sodass gegen Ende des 2. Jh. v. Chr. Rom mindestens 200.000 Einwohner zählte. In der frühen Kaiserzeit, also zur Zeit Senecas (1. Jh. n. Chr.), sollen in Rom etwa 1 bis 1,2 Millionen Menschen gewohnt haben.

Literatur:

J. Carcopino, Rom, Leben und Kultur in der Kaiserzeit, Stuttgart ^{4}1992.
F. Kolb, Rom, Die Geschichte der Stadt in der Antike, München 1995.

Arbeitsaufträge zu Text 17

1. Gliedern Sie das Gedicht, indem Sie auf Satzarten, Wechsel der Anrede, Personalendungen und stilistische Besonderheiten achten.
2. a) Welche Teile des Gedichts behandeln Martials Leben in der Stadt, welche das des Sparsus, welche Martials Landgut?
   b) Stellen Sie die Aussagen Martials über diese »Wohnlagen« zusammen.
   c) Beschreiben Sie jeweils die Darstellungsweise Martials und berücksichtigen Sie dabei auch stilistische Mittel und deren Wirkung.
   d) Vergleichen Sie Martials Beschreibung des Lebens in der Stadt mit B 17, 1.
3. Vergleichen Sie B 17, 2:
   a) Welche Parallelen zieht der Autor zu Martials Schilderung?
   b) Welche Einstellung zur Stadt Rom wird in der Darstellung (B 17, 2) deutlich?

Begleittexte zu Text 17

B 17, 1. Der Dichter Juvenal beschreibt in satirischer Übertreibung an vielen Stellen seines Werkes die Stadt Rom in der Kaiserzeit. Er behauptet sogar, dass viele Kranke an Schlaflosigkeit sterben. Wer in Rom schlafen wolle, brauche viel Geld; denn die Mietshäuser ließen keinen Schlaf zu. In ihnen wohne man stets in Furcht vor Brand und Einsturz; sie seien nur auf dünne Fundamente gebaut, und die Risse in den Wänden würden einfach zugeschmiert. Opfer seien die Ärmsten: Sie, die ihre Behausung unter dem Dach mit den Tauben teilten, würden bei einem Brand ihre geringe Habe verlieren.
Auch im Straßenverkehr gebe es zwei Klassen: Der Reiche lasse sich in der Sänfte durch das Gedränge tragen, der Arme mache sich die Beine schmutzig und werde vom Holm der Sänfte gestoßen. Breche einmal die Achse eines Wagens unter der Last der Marmorblöcke, die durch die engen Straßen transportiert werden, zusammen, würden die Passanten darunter begraben, und es bleibe von ihnen nicht viel übrig.
Nachts würden die Straßen erst richtig gefährlich: Nicht nur Raufbolde zögen durch die Straßen und fingen Streit an, der stets mit einer Schlägerei ende, auch Gefahren von oben drohten. So könne man von verschiedenen Gefäßen, die die Anwohner einfach zum Fenster hinausschleuderten, getroffen werden. Wenn man Glück habe, treffe einen beim Gang zu einer Einladung nur der Inhalt eines Nachttopfes.

nach: Juvenal 3, 190–304

B 17, 2. Nach ein paar Tagen hätte ich meinen Balkon nicht gegen die schönste Aussicht von Rom eingetauscht. Das Stückchen Straßenleben unter mir bot ständige Unterhaltung. Es war wie ein Ausschnitt aus Martials Rom. Dieser große Journalist nahm die Kamera um viele Jahrhunderte vorweg: er war der Fotograf des kaiserlichen Rom. Es ging mir durch den Sinn, dass sein Zimmer auf dem Quirinal dem meinen sehr ähnlich gewesen sein musste – er hatte ebenso viele Stufen zu klettern! Er war entsetzt und verzweifelt über den Lärm in Rom: ich auch! Er konnte in Rom nur schlecht schlafen: mir ging es genauso. Lächelnd dachte ich, welch Aufhebens Martial schon von der Geräuschkulisse im Rom des ersten Jahrhunderts gemacht hatte: dem Hämmern der Kupferschmiede, dem Schelten der Schulmeister, dem vereinzelten Trompetensignal, dem Klopfen der Steinmetze, die eine neue Kaiser-Statue meißelten, dem Klimpern der Geldwechsler – ich hätte dies für eine ergötzliche, von Menschenhand gespielte Geräuschsymphonie gehalten! Und doch fand der Martial des kaiserlichen Rom es unerträglich. Was hätte er erst zu dem maschinellen Höllenlärm des heutigen Rom gesagt, einer Stadt, in der man die Qualität eines Autos nach seinem Krach und der Großartigkeit seiner Vergaserknallerei misst? Was hätte Martial über dieses absurde Fortbewegungsmittel, den Motorroller, gedacht? Die Sehnsucht jedes Italieners nach einem mechanisch getriebenen, dazu möglichst lauten Fortbewegungsmittel hat ein Volk von adrett gekleideten Männern hervorgebracht, die so schulmeisterlich aufrecht auf diesen Maschinen sitzen, als ob ihre Bürostühle sich plötzlich mit ihnen in die Lüfte und auf die Straße geschwungen hätten. Niedriger im Ansehen als die Vespa und die Lambretta steht das gewöhnliche Fahrrad mit Benzinmotor – aber dafür ist es auch noch geräuschvoller. Was ihm an Kraft gebricht, das ersetzt es durch Lautstärke. Weiter gibt es den motorisierten Dreirad-Lieferwagen, in dem die Geschäftsleute ihre Waren austragen. Er nimmt es an Krach mit einer Maschinengewehr-Abteilung auf. Es ist kaum zu verstehen, wie eine moderne Hauptstadt es zulassen kann, dass man sie in ein solches Geräusch-Inferno verwandelt. London oder Paris würden den Lärm Roms keine 24 Stunden dulden. Ich bin zu dem Schluss gekommen, dass jedoch die Italiener den Lärm gar nicht hören oder aber, wenn ja, ihre Freude daran haben. Vielleicht wirkt der Tumult anregend auf sie – wie übrigens auch auf die Spanier –, er versetzt sie in jenen Zustand geistiger Erregtheit, den sie so lieben. Das Straßenleben unter meinem Fenster wäre für Martial und Juvenal noch ein ganz vertrauter Anblick gewesen, besonders die Esswarenhändler mit ihren heißen Würstchen und die Friseurgeschäfte mit ihrem ständigen Kommen und Gehen von glanzlockigen Vertretern der – fast – jeunesse dorée. Da ich selber den notwendigen Gang zum Friseur wenig schätze, finde ich es faszinierend, wie viele Männer in den lateinischen Ländern sich ein Vergnügen daraus machen. In Rom wie in Madrid kann man die gleiche Schar fröhlicher, glücklicher Männer beobachten, die, ein Handtuch um den Hals, sich wohlwollend im Spiegel betrachten und mit den Friseuren Witze reißen. Nicht viel anders wird es während der bartlosen Ära des antiken Rom gewesen sein, d. h. etwa von Julius Cäsar bis zu den Antoninen. Dieses kleine Stück von Rom lebte nach einem so regelmäßigen Tagesablauf, dass ich durch einen Blick aus dem Fenster die Zeit bestimmen konnte. Die ersten morgens und die letzten abends waren stets die Kellner. (Ich hätte gerne gewusst, wann hier auf dem Kontinent die Kellner wohl schlafen!) Sie kamen zeitunglesend an: »Il Giornale d'Italia«, häufiger »Avanti« oder »Unità«, schoben die Rolläden hoch und machten sich an die gestapelten Tische und Stühle. Die Angestellten in der Bar schlüpften in ihre weißen Jacken und bereiteten die Espresso-Maschinen für die ersten Frühstückskunden vor. Die frühe Morgensonne hatte es nun schon in sich: die Marquisen wurden heruntergelassen. Die Kunden tranken meist stehend ihre Tasse Kaffee und aßen eine Semmel dazu. Schon drängte sich hier wieder der Vergleich mit dem Altertum auf. Auch die alten Römer frühstückten mäßig; ein Becher Wein oder Wasser, ein Stück Brot, und fertig waren sie für den Gang auf das Forum oder zum Lever des reichen Mannes.

Literatur:

H. V. Morton, Rom, Wanderungen durch Vergangenheit und Gegenwart, München/Zürich 1981 (Übersetzung der Originalausgabe von 1957), S. 13–14.

Arbeitsaufträge zu Text 18

1. An welchen Formulierungen wird deutlich, dass es sich bei diesem Text um einen Ausschnitt aus einem Handbuch handelt?
2. a) Welche Wohnbereiche der Privathäuser werden unterschieden?
   b) Welche Räume werden ihnen jeweils zugeordnet?
   c) Welche gesellschaftlichen Gruppen sind genannt?
   d) Welche baulichen Besonderheiten müssen die Häuser – entsprechend den Bedürfnissen dieser sozialen Gruppen – aufweisen?
   e) Welchen Zweck haben diese Räume zu erfüllen?
   f) Wie wird der Zweck jeweils sprachlich ausgedrückt?
3. a) Vergleichen Sie die beschriebenen Häuser mit dem Plan eines pompejanischen Hauses (s. B 18, 1).
   b) Aus welcher Schicht stammt wohl der Besitzer?
   c) Vergleichen Sie die in B 18, 2 geschilderte Situation mit der in den meisten römischen Häusern.

Begleittexte zu Text 18

B 18, 1. Ansicht und Grundriss eines pompejanischen Hauses

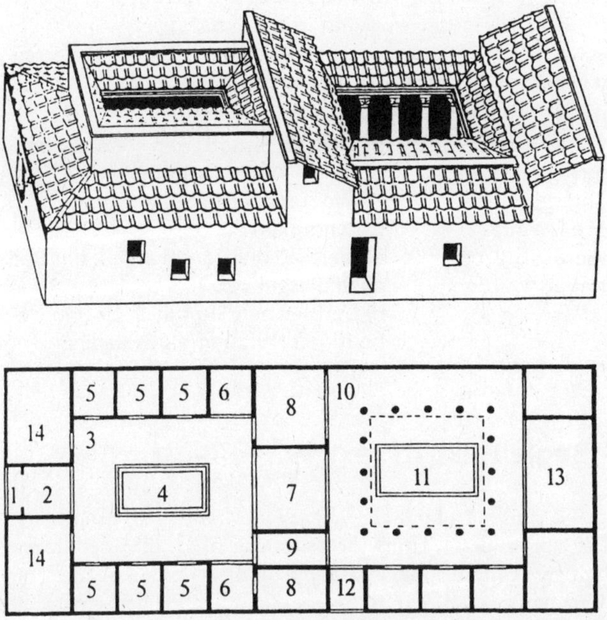

1. Vestibulum (Vorhalle)
2. Fauces (Flur)
3. Atrium
4. Impluvium
5. Cubicula
6. Alae (einander gegenüberliegende offene Räume)
7. Tablinum (Bildergalerie)
8. Cubicula
9. Andron (Gang)
10. Peristylium
11. Piscina (Wasserbecken, oft mit Fischen)
12. Posticum (Seiteneingang)
13. Exedra (Aufenthaltsraum)
14. Cubicula oder Ladenräume

entnommen aus: Latinum, Ausgabe B, Göttingen 1997

B 18, 2. Das Atrium war der *schwarze Raum (ater = schwarz)*, wo ursprünglich der Herd stand. Küchen als kleine, abgeschlossene Räume besaßen keinen Abzug und die Toilette war in der Küche oder in unmittelbarer Nähe. Die meisten Bewohner in den Mietshäusern *(insulae)* hatten weder Küche noch Toilette mit fließendem Wasser. Hatten sie Hunger, gingen sie zu einer Imbissbude *(popina* oder *caupona)*; das Wasser holten sie von den zahlreichen öffentlichen Brunnen. An Wasser mangelte es nicht in Rom: Es gab ein Gesamtnetz von 500 km Aquädukten.

Die Oberschicht konnte sich Bleirohre bis zum Haus leisten. Zum Baden boten sich die zahlreichen Thermen an. Nachttöpfe dienten als Toilettenersatz; in einer Verordnung war das Entleeren der Töpfe auf die Straße ausdrücklich verboten. Männer konnten als Pissoir Amphoren benutzen, die in vielen Seitenstraßen standen und von den Gerbern entsorgt wurden. Die Gerber verwendeten den Urin für die Bearbeitung der Tierhäute und die Lederherstellung.

Über die ganze Stadt waren öffentliche Toiletten verteilt. Aus dem 4. Jahrhundert ist uns die Zahl 144 überliefert. Bis zu 20 Sitze waren ohne Trennwände nebeneinander in Hufeisenform angeordnet. Für das »Geschäft« ließ man sich Zeit und unterhielt sich dabei über Gott und die Welt, und mancher verewigte sich durch einen Klospruch: *Secundus hic cacat* (CIL IV 3146). Eine dauernde Wasserspülung unter den Sitzen sorgte für Hygiene, während es in den *insulae* meist an Hygiene mangelte.

Literatur:
E. Brödner, Wohnen in der Antike, Darmstadt 1989.
K.-W. Weeber, Alltag im Alten Rom, Zürich [2]1995, S. 187–188; 219–221; 229; 265–266; 363–364; 394–397.

Arbeitsaufträge zu Text 19

1. a) Betrachten Sie den Satz *propone ... adducere* als Überschrift: Wie wird die folgende Schilderung der einzelnen *genera vocum* jeweils eingeleitet, wie werden die Geräusche bezeichnet, welche Urheber werden genannt?
   b) Welche Situationen werden dem Leser vor Augen geführt?
   c) Wodurch erhält die Schilderung Lebendigkeit?
2. a) Welche Funktionen erfüllt das Bad nach diesem Text?
   b) Vergleichen Sie mit B 19 und der heutigen Nutzung eines Bades.

Begleittext zu Text 19

Während in alter römischer Zeit ein Vollbad nur alle 9 Tage (an Markttagen) genommen wurde, entstanden seit dem 2. Jahrhundert v. Chr. viele Badeanlagen. Als die öffentlichen Bäder florierten, legten auch private Unternehmer ihr Kapital im Bau von Badeanlagen an. Der Eintritt war billig (ein Quadrans; vgl. B 21,1, S. 61). Kinder mussten vielfach keinen Eintritt bezahlen. Die Zahl der Bäder nahm stetig zu: Für das Jahr 33 v. Chr. werden 170 Badeanstalten in Rom überliefert, für das 4. Jahrhundert n. Chr. 1.000. An manchen Orten gab es getrennte Frauen- und Männerbäder oder unterschiedliche Badezeiten. Allerdings wird berichtet, dass das Verbot des gemeinsamen Badens auch missachtet wurde. In der Kaiserzeit entstanden prunkvolle Badeanlagen, deren Besuch für jedermann, auch für Sklaven, möglich war. Der Popularitätszuwachs, der sich durch den Bau von Thermen ergab, bewegte viele Kaiser, für ihr Volk von Rom immer größere und prächtigere Anlagen zu bauen.

Tausende Römer gingen jeden Tag in die Thermen, die Kommunikations- und Unterhaltungszentrum zugleich waren. Hier traf man sich mit den Nachbarn zum Klatsch, aber auch zur Verabredung von Geschäften.

Den üblichen Badevorgang kann man sich folgendermaßen vorstellen: Man zog sich im Apodyterium aus und legte seine Kleider in die dafür vorgesehenen Nischen, denn es wurde nackt gebadet. Weil man sich immer vor Diebstahl in Acht nehmen musste, brachte der wohlhabende Römer seinen Sklaven zum Beaufsichtigen der Kleider mit. Darauf ging man z.B. zum Ballspiel in die Palästra, suchte Abkühlung im Kaltbad *(frigidarium)*, ging durch den lauwarmen Raum *(tepidarium)* zum Warmbad *(caldarium)* oder ins Schwitzbad *(sudatorium)*.

Neben den in Text 19 erwähnten Angeboten der Badeanlagen gehörten zu großen Thermen Bibliotheken und Vortragsräume; auch Arztpraxen waren vielerorts vertreten, besonders in den Heilbädern, zu denen auch heute noch bekannte Kurbäder gehörten wie z.B. Baden-Baden und Badenweiler. Natürlich fehlten in den Thermen auch die Latrinen nicht.

Die Badeanstalten öffneten nachmittags (etwa ab der 8. Stunde, also am frühen Nachmit-

tag) und schlossen bei Einbruch der Dunkelheit. Die wohlhabenden Römer badeten gern vor der Hauptmahlzeit, der *cena*.
Der Energieverbrauch der Bäder war erheblich: Das benötigte Holz wurde zunehmend nicht nur aus Italien, sondern auch aus Afrika herbeigeschafft.

Literatur:

E. Brödner, Die römischen Thermen und das antike Badewesen, Darmstadt ^{2}1992.
F. Kolb, Rom, Die Geschichte der Stadt in der Antike, München 1995, besonders S. 568–577.
M. Weber, Antike Badekultur, München 1996.
K.-W. Weeber, Alltag im Alten Rom, Zürich ^{2}1995, S. 39–43; S.174–176.

Arbeitsaufträge zu Text 20

1. Verfolgen Sie die Reiseroute:
   a) Welche Reiseziele nennt Seneca?
   b) Welche Besonderheiten machen sie attraktiv?
2. a) Welche Motive nennt Seneca für die Reisefreudigkeit seiner Zeitgenossen?
   b) Wie beurteilt er den Erholungswert solcher Unternehmungen?
   c) Inwiefern drückt sich dieses Urteil auch in der sprachlichen und stilistischen Form des Textabschnitts aus?
   d) Nehmen Sie Stellung zu Senecas Urteil.
3. Welche Gemeinsamkeiten und Unterschiede zwischen Tourismus in der Antike und modernem Urlaub können Sie erkennen (vgl. B 20, 1 und 2).

Begleittexte zu Text 20

B 20, 1. Seneca schreibt Lucilius von seinen Erfahrungen mit dem beliebten Badeort Bajae, das er am Tag, nachdem es dort angekommen war, wieder verlassen hat (*Epistulae morales* 51, 4).

Wir müssen einen Ort auswählen, der nicht nur für den Körper, sondern auch für den Charakter heilsam ist. Wie ich nicht unter Folterknechten leben möchte, so auch nicht im Kneipenviertel. Betrunkene zu sehen, die am Strand herumtaumeln, Gelage der Seeleute, Lagunen, die von Musikklängen dröhnen, und andere Laster, die die Vergnügungssucht gleichsam von allen Gesetzen befreit nicht nur sich herausnimmt, sondern offen zur Schau trägt – warum sollte das nötig sein?

B 20, 2. Im römischen Reich gab es 90.000 km gepflasterte Hauptstraßen, die Gesamtlänge des Straßennetzes betrug 270.000 km. Reisen waren langsam und beschwerlich: Die großen Fugen des groben Pflasters ließen keine bequeme Fahrt zu, zumal die Wagen, in denen man höchstens 50 km am Tag schaffte, keine dämpfenden Aufhängungen besaßen. Im Vergleich hierzu war die römische Staatspost schnell unterwegs: Ihre Boten wechselten häufig die Pferde und kamen auf 75 km am Tag. Staatliche Kuriere mit Sonderauftrag durcheilten oft 200 km, indem sie Tag und Nacht durchritten und sich abwechselten.

Bereits in klassischer Zeit gab es Tourismus, der allerdings auf die Oberschicht beschränkt war. Wer konnte es sich schon leisten, monatelang z.B. auf Bildungsreise in Griechenland zu weilen? Den Stätten der Geschichte galt das besondere Interesse: Athen, Marathon, Olympia, Rhodos, Troja als die Urheimat Roms und die Pyramiden Ägyptens wurden von den bildungshungrigen Touristen besucht.

Literatur:

C. Preiser, Verkehr in der Antike, Klassisch mobil, Frankfurter Allgemeine Zeitung Nr. 152 vom 4.7.1995, S. T 5.
K.-W. Weeber, Alltag im Alten Rom, Zürich [2]1995, S. 366–370.

Arbeitsaufträge zu Text 21

1. a) Versuchen Sie, die in der Hotelrechnung genannten Preise ungefähr auf heutige Preise umzurechnen (vgl. B 21, 1).
   b) Welche Funktionen erfüllten offenbar die Gasthäuser (vgl. B 21, 2)?
2. a) Vergleichen Sie die hier abgedruckten Sprüche mit heutigen Wandkritzeleien in Toiletten, Bahnhöfen, an Brücken usw.
   b) Welche Sexualmoral lässt sich aus B 21, 3 ablesen?

Begleittexte zu Text 21

B 21, 1. Umrechnungstabelle/Lebenshaltungskosten

	1	Aureus (Gold)	=	200	Dupondius (Messing)
=	25	Denar (Silber)	=	400	As (Kupfer)
=	100	Sesterz (Messing)	=	1.600	Quadrans (Kupfer – 1/4 As)

Eine präzise Angabe über Wert und Kaufkraft der Münzen ist schwierig, weil beides sehr schwankte. Die folgende Übersicht gibt einige Anhaltspunkte:

Existenzminimum	Zur Zeit des Augustus etwa 2 Sesterzen am Tag	
Einkommen	Der Sold eines Legionärs betrug zur Zeit des Augustus etwa 900 Sesterzen pro Jahr; der Verdienst eines einfachen Arbeiters in republikanischer Zeit belief sich etwa auf 2 Sesterzen am Tag; dafür konnte er sich 7 kg Weizen kaufen, wovon er und seine Angehörigen eine Woche leben konnten.	
Jahreseinkommen Mitte des 1. Jh. v. Chr.	Tagelöhner	ca. 300–400 Denare
	Schreiber	ca. 1.000 Denare
	Bürogehilfen	ca. 600 Denare
	Gutsbesitzer	ca. 30.000 Denare
	Soldaten	ca. 900 Sesterzen + Beuteanteil
Lebenshaltungskosten	1 kg Brot	ca. 2 Asse
	1 kg Öl	ca. 12 Asse
	1 Tunika	ca. 15 Sesterzen
	1 Esel	ca. 500 Sesterzen
	1 Sklave	zwischen 200 und 1.500 Denare

Literatur:
B. van Wickevoort-Crommelin, Geld im antiken Rom, in: Geld im antiken Rom, Geschichte lernen, Heft 21, 1991, S. 20–26.
B. Koring, Wer kann das bezahlen? Währung, Einkommen und Preise im alten Rom, in: Geld im antiken Rom, Geschichte lernen, Heft 21, 1991, S. 27–31.

B 21, 2. Wirklich gute Hotels waren selten; eine typische Herberge hatte wenige kleine Zimmer, in denen oft mehrere Personen untergebracht waren. Nur in Heilbädern und Touristenorten gab es komfortable Hotels, in denen man länger als eine Nacht wohnte. Wenn man auf Reisen war, versuchte man, bei Bekannten und Freunden unterzukommen, und war somit auf Gastfreundschaft *(hospitium)* angewiesen. Die Kneipe *(popina/taberna)* war das Reich der kleinen Leute, wo man aß, trank und spielte. Auf der Speisekarte stand überwiegend vegetarische Kost wie Erbsen, Bohnen, Zwiebeln, Gurken, Eier, Käse, Äpfel, Pflaumen, Trauben, Beeren und Kastanien. Fleischgerichte wurden für die wohlhabenderen Gäste angeboten, wobei es für die Oberschicht als unfein galt, in eine Kneipe zu gehen. Dieses Tabu zu durchbrechen bedeutete für manchen wiederum einen besonderen Reiz. Die reichen Leute hatten jedoch vor allem ihre privaten Gastmähler.
Jede größere Stadt besaß eine Vielzahl von Bordellen; so gab es in Pompeji, einer Stadt von 8.000–10.000 Einwohnern immerhin etwa 12 Bordelle. Das gastronomische Gewerbe war eng mit der Prostitution verbunden: Das Gasthaus war oft zugleich Hotel und Bordell.

Literatur:
K.-W. Weeber, Alltag im Alten Rom, Zürich [2]1995, S. 59–62; 128–133; 183–186.

B 21, 3. Der Dichter Horaz kritisiert die Römer, weil sie in ihrem Sexualverhalten nicht die richtige Mitte einhalten (*Satire* 1, 2, 28–35):

Da gibt es Leute, die nur jene Frauen berühren wollen, deren Knöchel das vornehme Damenkleid bedeckt; dagegen will ein anderer nur eine, die im anrüchigen Bordell steht. Als einmal ein bekannter Mann aus einem Bordell herauskam, sagte Cato in seiner göttlichen Weisheit zu ihm: »Gepriesen seist du wegen deiner Tugend; denn lässt die wüste Begierde die Adern schwellen, ist es für junge Männer richtig, hierher zu gehen und sich nicht an fremden Ehefrauen zu vergreifen.«
Prostitution und sexuelle Beziehungen von Männern zu Sklavinnen und Sklaven waren gesellschaftlich geduldet. Im *Curculio* des Komödiendichter Plautus heißt es (vv. 33–38): »Niemand hält dich von hier fern, keiner verbietet dir, dass du, was öffentlich zum Kauf angeboten wird, kaufst, wenn du Geld hast. Niemand verbietet einem, auf öffentlicher Straße zu gehen. Wenn du nur nicht durch ein abgezäuntes Grundstück den Weg suchst und dich von Ehefrauen, Witwen, Jungfrauen, der Jugend und frei geborenen Knaben fernhältst, so liebe, was dir beliebt.« Die Sexualmoral wurde weitgehend von Männern bestimmt, sodass die Freiräume für die Frauen wesentlich enger waren als für Männer: Das Ideal der *univira*, der Frau, die in ihrem ganzen Leben nur einen Mann hat, galt grundsätzlich auch dann noch, als sich in der Kaiserzeit einige Frauen, vor allem aus der stadtrömischen Oberschicht, darüber hinwegsetzten.

Literatur:
K.-W. Weeber, Alltag im Alten Rom, Zürich [2]1995, S. 319–323.

Arbeitsaufträge zu Text 22

1. a) Mit welchem lateinischen Ausdruck aus Text 22, S. 36, lässt sich Senecas Urteil über die Ereignisse in der Arena zusammenfassen?
   b) Welche Funktion haben die Zitate in § 5?
2. Vergleichen Sie Senecas Schilderung der Ereignisse mit einem Lexikonartikel (z.B. Brockhaus o.ä.) über Gladiatorenkämpfe im Hinblick auf
   a) den Inhalt,
   b) die Darstellungsform,
   c) die sprachliche und stilistische Gestaltung und
   d) die Wirkung auf den Leser.
3. Vergleichen Sie Senecas Kritik mit der Haltung der meisten Römer zu den Gladiatorenspielen, wie sie sich in B 22, 1 zeigt.
4. a) Welche Wirkung hat die Darstellung von Gewalt auf die Menschen? Gehen Sie von Text 22, S. 36 aus und ziehen Sie B 22, 2 hinzu.
   b) Trifft Senecas und Augustinus Analyse zu? Nehmen Sie hierzu Stellung und beziehen Sie Ihre Kenntnisse über die Wirkung von Gewaltdarstellung in den Medien ein.

Begleittexte zu Text 22

B 22, 1. Ein Gast kündigt ein Schauspiel an (Petron, *Satyrica* 45, 4–6).

Denkt dran, in drei Tagen, am Feiertag, haben wir ein Spiel der Superklasse! Keine Profi-Gladiatoren, sondern Freiwillige *(ehemalige Gladiatoren)*. Unser Titus *(der Veranstalter der Spiele)* hat ein großes Herz und ist ein Draufgänger: entweder das oder jenes – etwas passiert sicher. In seinem Haus gehe ich ein und aus, er ist kein Schlappschwanz! Bestes Eisen wird er bringen, kein Kneifen, sondern eine rechte Metzelei auf der Bühne, dass es das Amphitheater sieht! Er hat's auch dick: dreißig Mille sind ihm hinterlassen, sein Vater hat den Abgang gemacht. Tut mir leid!

B 22, 2. Augustinus (Bischof um 400 n. Chr. in Hippo Regius, Nordafrika) beschreibt die Wirkung der Zirkusspiele auf einen jungen Mann, der nach Rom gekommen ist, um zu studieren (*Confessiones* 6, 8).

... Obwohl er nämlich solche Gladiatorenkämpfe ablehnte und verabscheute, führten ihn dennoch einige seiner Freunde und Kommilitonen gegen seinen heftigsten Widerstand mit sanfter Gewalt in das Amphitheater, als er ihnen einmal – sie kamen gerade vom Essen – über den Weg lief; in diesen Tagen gab man die grausamen und tödlichen Spiele. Er aber sagte Folgendes: »Wenn ihr auch meinen Körper an jenen Ort schleppt und dort hinsetzt, könnt ihr etwa meinen Geist und meine Augen auf jene Schauspiele richten? Ich werde daher anwesend sein und doch nicht da sein und so euch und jene Spiele besiegen.« Dies hörten sie wohl, führten ihn aber trotzdem mit; denn sie wollten genau dies erproben, ob er durchhalten könnte.
Als man dorthin gekommen war und sich gesetzt hatte, wo noch frei war, tobte schon alles in hemmungsloser Leidenschaft. Jener verschloss die Tore seiner Augen und verbot seinem Geist, sich auf solche Grässlichkeiten einzulassen. Wenn er doch nur auch die Ohren geschlossen hätte! Denn als bei einem Vorfall während des Kampfes gewaltiges Geschrei des

gesamten Volkes ihn heftig erschreckte, besiegte ihn die Neugier: Er war gleichsam entschlossen – was immer jenes Ereignis auch sei –, es zu verachten und zu besiegen, selbst dann, wenn er es gesehen hätte; so öffnete er die Augen, und so wurde ihm in der Seele eine schlimmere Wunde zugefügt als jenem, den er zu sehen begehrte, an dessen Körper; und er fiel bemitleidenswerter als jener zu Boden, bei dessen Sturz das Geschrei sich erhob. Es war in seine Ohren gedrungen und hatte seine Augen geöffnet, damit sein Geist, der bisher eher kühn als stark war, geschlagen und hinabgeworfen werden konnte. Er war um so schwächer, je mehr er sich selbst herausgenommen hatte, obwohl er auf dich *(erg. Gott)* hätte setzen müssen. Sowie er nämlich jenes Blut sah, trank er zugleich die Unmenschlichkeit und wandte sich nicht ab, sondern heftete seinen Blick darauf, verinnerlichte den Wahnsinn, ohne es zu wissen, freute sich an dem verbrecherischen Kampf und wurde von der blutigen Leidenschaft betrunken. Und er war nicht mehr jener, als der er gekommen war, sondern einer aus der Menge, zu der er gekommen war, und der wahre Gefährte derer, von denen er hergeführt worden war. Was soll ich mehr sagen? Er schaute zu, schrie, tobte und nahm von dort diese Sucht mit, die ihn dazu brachte wiederzukommen, und zwar nicht nur mit denen, von denen er zuvor hergeschleppt worden war, sondern auch ihnen voran und mit wieder anderen im Schlepptau.

Arbeitsaufträge zu Text 23

1. a) Vergleichen Sie das Verhalten der beiden Paare (§ 6–8 und § 9–10) miteinander und stellen sie die lateinischen Begriffe, die ihre Aussagen und ihr Verhalten bezeichnen, gegenüber.
   b) Wodurch zeichnen sich die Frauen aus, wodurch ihre Männer?
2. Welche Wirkung auf den Leser ist beabsichtigt?

Arbeitsaufträge zu Text 24

1. a) Wonach sollen die Frauen ihre Kleidung (vv. 185–192, S. 38) aussuchen?
   b) Welche Aussagen sollen die Bilder und Vergleiche jeweils verdeutlichen?
   c) Welche Funktion haben dabei die stilistischen Besonderheiten?
2. a) Welche Fähigkeiten benötigen die Frauen bei der Auswahl der Kleidung und des Make-up?
   b) Welche Schönheitsmittel werden angewandt?
   c) Nennen Sie die entsprechenden modernen Mittel.
3. Welche Bedeutung hatten Schmuck und Körperpflege in der römischen Gesellschaft (vgl. Text 24, S. 38, und B 24)?

Begleittext zu Text 24

Kosmetik, Kleidung, Körperpflege und Schmuck waren bei Satirikern und Moralisten schon immer beliebte Themen, mit deren Hilfe Kritik an den Zeitgenossen geübt wurde. So macht sich Seneca über den Müßiggänger lustig, der stundenlang beim Friseur herumsitzt und sich auszupfen lässt, was in der Nacht nachgewachsen ist. Über jedes Härchen gehe man zurate und eine unordentliche Frisur würde für schlimmer gehalten als ein unordentlicher Staat (*De brevitate vitae* 12, 3). Martial hat den frisierten Kahlkopf im Visier, der mühevoll seine Glatze mit den restlichen Haaren verdecken will, bis ein Windstoß alle Mühe zunichte macht (10, 83). Zahlreiche Gedichte Martials handeln von Männern, die sich ihre Haare färben lassen, von Strähnen auf öligen Glatzen, von geschabten und gerupften Wangen und der Parfümfahne.

Cicero will männliches Bemühen um Schönheit auf eine gesunde Hautfarbe, die durch körperliche Übungen zu erwerben ist, auf Sauberkeit und anständige Kleidung reduzieren. Die Mitte sei hier das richtige Maß (*De officiis* 1, 130). Dies entspricht den Forderungen des Horaz, der beklagt, dass mancher seine Tunika bis zu den Füßen hängen lässt, während ein anderer sie wiederum bis zu den Geschlechtsteilen hochschürzt. Der eine duftet nach Parfüm, der andere stinkt nach Bock: *Nil medium est*, klagt Horaz (*Satire* 1, 2, 25–27).

Die Tunika war das Alltagskleid aller Römer, darunter trugen Frauen eine Art trägerlosen BH, ein Busenband, das mehrmals um den Busen gebunden wurde, Unterhosen sind nur bei Männern bekannt. Alle Freigeborenen mit römischem Bürgerrecht durften über der Tunika eine Toga tragen. Auch Männer ließen sich beim Tonsor, dem Barbier, Locken machen, die Haare färben und die Wangen schminken.

Während allzu große Bemühungen um das Äußere als unmännlich galten, ist man bei dem Urteil über Kosmetika für Frauen zurückhaltender. Sehr böse äußert sich Lukian über Frauen, die sich morgens einschließen, um sich erst einmal zu schminken, weil sie sich in ihrer Hässlichkeit nicht zeigen können (*Amores* 39). Andere Autoren (Apuleius und besonders Ovid) geben umfangreiche und sehr detaillierte Ratschläge, wie Frauen Männern gefallen können. Neben den in Text 24, S. 38 erwähnten Mitteln ist auch überliefert, dass manche Frauen die Schläfen zartblau schminkten.

Literatur:

H. Huber, Kleidung und Stand in der Römerzeit, in: Alltag im antiken Rom, Geschichte lernen, Heft 45, 1995, S. 44–48.

J. Carcopino, Rom, Leben und Kultur in der Kaiserzeit, Stuttgart ^{4}1992, besonders S. 223–239.

K.-W. Weeber, Alltag im Alten Rom, Zürich ^{2}1995, S. 115–119; 241–242.

Arbeitsaufträge zu Text 25

1. Was gibt es bei Martial zum Essen: Schreiben Sie aus den Angaben des Textes eine Menukarte; ab welchem Gang ist das Angebot des Martials nicht mehr ernst zu nehmen?
2. a) Was gehörte offenbar noch zu einer guten Cena?
   b) Gliedern Sie das Gedicht.
   c) Beschreiben Sie den Ton der Einladung.
3. a) Worin unterscheiden sich die tatsächlich angebotenen Gerichte von denen, die Martial als erfunden *(mentiar)* bezeichnet?
   b) Vgleichen Sie Martials Angebot mit den in Rom üblichen Speisen (vgl. B 25).

Begleittext zu Text 25

Der Tagesablauf der Römer richtete sich nach der Sonne: Man stand mit Tagesanbruch auf, frühstückte nur wenig (Brot, Käse, Oliven) oder gar nicht und arbeitete bis etwa zur sechsten Stunde (ca. 12–13 Uhr). Eine kleine Mittagsmahlzeit *(prandium)* bestand wiederum meist aus Käse, Brot, Früchten und den Resten der Hauptmahlzeit vom vergangenen Tag. Danach wurde – zumindest in den oberen Schichten – Siesta gehalten. Ab etwa der achten Stunde (14–15 Uhr) öffneten die Bäder; ein Besuch in den Thermen diente nicht nur der Hygiene, sondern vor allem den sozialen Kontakten – vergleichbar mit den Clubs in der angelsächsischen Welt.
Die Hauptmahlzeit *(cena)* wurde am späteren Nachmittag (ab ca. 17 Uhr) eingenommen und konnte sich bei besonderen Anlässen auch einmal in den Abend hineinziehen. Das war aber nicht die Regel; ebensowenig trifft die Vorstellung, Gelage hätten zum festen Tagesablauf der Römer gehört, die Realität.
Das Grundnahrungsmittel war *puls*, ein Dinkelmehlbrei, der in Wasser und Salz gekocht wurde. Ab dem 2. Jh. v. Chr. kam Brot aus Weizenmehl hinzu. Billig war Gemüse wie Kohl, Erbsen, Bohnen, Linsen, Lauch und Zwiebeln. Fleisch kam bei den einfachen Leuten – wenn überhaupt – nur bei besonderen Anlässen auf den Tisch, sofern sie einen besaßen; denn wer keine Küche hatte, besorgte sich etwas in den zahlreichen Garküchen. Wenn Fleisch gegessen wurde, bevorzugte man Schweinefleisch, als Delikatesse galten Innereien, wie Leber, Euter oder die Gebärmutter junger Schweine. Rindfleisch wurde in Italien kaum verzehrt; anders jedoch in den Provinzen: In *Colonia Ulpia Traiana*, dem heutigen Xanten, stammen 80 bis 85 % aller Haustierknochen, die man gefunden hat, vom Rind. Dabei ist allerdings zu berücksichtigen, dass dicke Rinderknochen sich über die Jahrhunderte hinweg länger erhalten als Knochen anderer Haustiere.
Geflügel wie Gänse, Hühner, Enten, Fasanen, Pfauen und Täubchen wurde gemästet. Als Spezialität galten Flamingos, ferner Schneehühner, Schnepfen, Haselhühner, Wachteln und Krammetsvögel.
Zu den Grundnahrungsmitteln gehörte Wein, der sehr billig war und mit Wasser verdünnt getrunken wurde. Den durchschnittlichen Weinkonsum berechnete man für Rom auf etwa 1 Liter pro Kopf und Tag.
In allen Bevölkerungsschichten aß man mit der Hand; als einziges Besteck bei Tisch wurde der Löffel verwendet, Gabeln waren in römischer Zeit noch nicht bekannt. Kleine Ohrlöffelchen und – seltener – Zahnstocher sind neben Waschgeschirr als gängige Reinigungsgeräte überliefert.
Nach originalen Rezepten aus dem Kochbuch des Apicius (3. oder 4. Jh. n. Chr.) wird auch heute noch in einigen Restaurants gekocht: So kann man z.B. in Trier römische Speisen genießen.

Literatur:

Marcus Gavius Apicius, de re coquinaria, herausgegeben, übersetzt und kommentiert von R. Maier, Stuttgart 1991.
A. R. Furger, Vom Essen und Trinken im römischen Augst, Kochen, Essen und Trinken im Spiegel einiger Funde, Archäologie der Schweiz, 8. Jg., 1985, Nr. 3.
G. Gerlach, Essen und Trinken in römischer Zeit, Führer und Schriften des Archäologischen Parks Xanten Nr. 9, Köln 1994.
K.-W. Weeber, Alltag im Alten Rom, Zürich [2]1995, S. 9–11; 119–120; 162–164; 256–258.

Arbeitsaufträge zu Text 26

1. a) Welche Besonderheiten soll das Grabmal des Trimalchio nach seinem Wunsch aufweisen?
   b) Interpretieren Sie seine Wünsche: Weshalb will er die einzelnen Details gerade so gestaltet haben, und wie sollen diese Details jeweils auf den Betrachter wirken?
   c) Wie charakterisiert Petron Trimalchio durch diese Szene?
2. Warum waren Trimalchio und den Römern die Ausgestaltung des Grabes und die Totenverehrung so wichtig? (vgl. B 26)

Begleittext zu Text 26

»Hierher brachte einst der Sklave den Leichnam seines Freundes, der aus der engen Zelle geworfen worden war, in einem billigen Kasten. Dies war für das arme Volk die gemeinsame Ruhestätte, für den Tagedieb Pantolabus und den Nichtsnutz Nomentanus; tausend Fuß in der Front, dreihundert in die Tiefe gab der Grenzstein hier an; der Platz soll nicht an die Erben fallen«. So beschreibt Horaz (*Satire* 1, 8, 8–11) den Friedhof auf dem Esquilin, wo man bei Ausgrabungen 75 solcher Gruben gefunden hat, die auch Reste von Tierkadavern und Müll enthielten.
Nach festen Ritualen verliefen dagegen Bestattung und Totengedenken der wohlhabenderen Römer: Der Trauerzug wurde von Musikanten angeführt; es folgten Klagefrauen, die den Toten betrauerten und zugleich sein Lob sangen. Es schlossen sich Wagen an, auf denen Personen Wachsmasken der Ahnen trugen. Dabei handelte es sich um die Bilder, die normalerweise in den Schränken des Atrium aufbewahrt wurden, für den Leichenzug aber herausgenommen wurden. Tafeln zeigten in Wort und Bild die Taten und Leistungen des Verstorbenen. Es folgte der Leichenwagen mit der Totenbahre, begleitet von den engsten Familienangehörigen, die Frau und die Töchter mit aufgelöstem Haar, klagend und sich an die Brust schlagend. Den Schluss des Zuges bildeten andere Trauergäste. Der Zug hielt auf dem Forum vor der Rednerbühne an, wo die Trauerrede gehalten wurde. Danach begab er sich zum Friedhof außerhalb der Stadt, wo der Leichnam bestattet oder verbrannt wurde. Während ursprünglich vor allem in armen Kreisen die weniger aufwendige Erdbestattung üblich war, nahm diese Sitte auch in wohlhabenderen Familien ab dem 2. Jh. n. Chr. zu.
Das Gedenken an die Toten wurde wach gehalten, und den Totengöttern, den Manen, galt besondere Verehrung. An den *Feralia*, Totengedenktagen, brachte man *(ferre)* Opfer in Form von Kuchen, Wein, Brot oder Früchten zu den Gräbern. An den *Rosalia*, dem Rosenfest im Mai und Juni, schmückte man die Gräber mit Rosenblüten.
Die Wahl des Bestattungsortes war eine Prestigefrage. Bevorzugte Lage der Grabstätten, die die Reichen an den großen Ausfallstraßen Roms bauen ließen, war die Straßenfront, am besten in Nähe der Stadttore und an Kreuzungen. Derartige Grundstücke waren sehr teuer und wurden so zum Spekulationsobjekt. Bereits in republikanischer Zeit wurden die Grabbauten immer größer, ihre Ausgestaltung mit Torbögen und Statuen immer kostbarer. Zur Zeit des Augustus scheint eine gewisse Bescheidenheit eingetreten zu sein; die Frontseite betrug nun meist 3 bis 4 Meter. Die Kosten wurden teilweise durch die Bewirtschaftung des umliegenden Grundstücks gesenkt.

Literatur:
F. Kolb, Rom, Die Geschichte der Stadt in der Antike, München 1995, besonders S. 272–274; 322–327.
K.-W. Weeber, Alltag im Alten Rom, Zürich [2]1995, S. 50–54; 110–114; 364–366.

Arbeitsaufträge zu Text 27

1. Vergleichen Sie die Inschrift, die Trimalchio in Auftrag gibt (Text 26, § 12; S. 41) mit dieser Inschrift.
2. Welche Hinweise gibt die Inschrift darauf, dass die Treverin der traditionellen römischen Religion angehörte, welche Hinweise deuten darauf hin, dass sie Christin war?

Übergreifende Arbeitsaufträge

1. Stellen Sie anhand der folgenden Stichwortliste Informationen zu Aspekten des römischen Alltagslebens zusammen, die aus den Texten und den Begleitmaterialien zu entnehmen sind. Die Stichworte können z.B. in der Klasse verteilt werden, sodass parallel zur Lektüre ein kleines Lexikon entsteht. Dabei sind Absprachen untereinander notwendig, um Überschneidungen zu vermeiden.

Arbeitszeit
Atrium *s. Leben in der Stadt*
Ausbildung
Bad *s. Thermen*
Berufe Ansehen, Frauenberufe
Bestattungsriten Art der Bestattung, Grabbauten, Grabinschriften, Totengedenken, Totenverehrung
Bibliotheken *s. Thermen*
Bordell
Domus *s. Leben in der Stadt*
Ehe Rechtsformen, Ehe bei Sklaven
Essen Besteck, *cena*, Essenszeiten, Fleischverbrauch, Imbissbuden, *prandium*, *puls*, Spezialitäten, vegetarische Küche, Vorlesen beim Essen
Familie
Feiertage *s. Arbeitszeit*
Fitnessstudio *s. Thermen*
Frauen Arbeit in der Landwirtschaft, Berufe, Emanzipation und Gleichberechtigung, Heirat, Leben in der Stadt, rechtliche Stellung, Verhältnis zwischen Mann und Frau
Freilassung – Freigelassene Ansehen in der Gesellschaft, Berufe, Gründe für Freilassung, juristischer Vorgang, Karrieren, Pflichten, rechtliche Stellung
Friedhöfe
Friseur
Gasthäuser
Geld Einkommen, Kaufkraft, Lebenshaltungskosten, Wert, Währung
Gladiatorenspiele
Grabbauten *s. Bestattungsriten*
Grabinschriften *s. Bestattungsriten*
Handwerker *s. Berufe*
Innere Sicherheit *s. Leben in der Stadt*
Kinder Aussetzung, Sterblichkeit
Kleidung und Schuhe
Körperpflege
Kosmetik für Männer, für Frauen
Landhaus
Landwirtschaft Arbeitsformen, Bedeutung, Großgrundbesitz, Organisation, Verwalter und Verwalterin
Leben in der Stadt Aufbau einer *domus*, Bevölkerungszahl in Rom, Lärm, Mietshäuser, Sicherheit, Straßenverkehr, Wohnen in Rom
Lehrer *s. Schule*
Nachttopf *s. Toilette*
Pater familias *s. Familie*
Patronus
Reisen Formen des Tourismus, Hotel, Ziele
Schuhe *s. Kleidung*
Schule Lehrer (Ansehen, Stand, Einkommen), Lernmittel, Unterricht (Inhalte, Methode, Raum), *tabulae*
Schutzherr *s. Patronus*
Seebäder
Sklavinnen und Sklaven Ammen, Anteil an der Gesamtbevölkerung, Arbeit in Bergwerken und Mühlen, auf dem Land, in der Stadt, Ehe, Krankheit, Pädagogen, rechtliche Stellung
Soziale Absicherung
Sport
Tagesablauf
Thermen Badevorgang, Eintrittspreise, Energieverbrauch, Freizeitbad, Männer- und Frauenbäder, Öffnungszeiten, Privatbäder, Schwimmen, Zahl der Bäder
Toilette
Tourismus *s. Reisen*
Trinken Wasserversorgung, Weinkonsum
Verkehr Straßen, Verkehrsmittel

2. Für die Interpretation der Bilder in dieser Textausgabe sind viele Gesichtspunkte des Alltagslebens zu berücksichtigen. Die folgenden Bilder eignen sich besonders für eine intensivere Behandlung im Unterricht:

Grabpfeiler aus Neumagen/Mosel (3. Jh. n. Chr.), S. 23
a) Beschreiben Sie die dargestellte Szene, die Kleidung und Haartracht der Personen, sowie die Gegenstände.
b) Was soll nach dem Wunsch dessen, der diesen Grabpfeiler errichten ließ, der Nachwelt mitgeteilt werden, und was sollen seine Mitbürger und die Nachwelt über ihn denken?

Quelle:
Trier, Kaiserresidenz und Bischofssitz, Die Stadt in spätantiker und frühchristlicher Zeit, Rheinisches Landesmuseum Trier, Mainz 1984, S. 78.

Die Tote von Oplontis, S. 42
Der Gipsabdruck stammt von einer jungen Frau, die beim Vesuvausbruch in Oplontis (Provinz Neapel) ums Leben kam.
Betrachten Sie das Foto im Kontrast zum Grabrelief (S. 23); weshalb legten die Römer großen Wert auf ein würdevolles Begräbnis und auf eine eigene, möglichst auffällige Grabstätte (vgl. B 26, S. 68f.)?

Quelle:
Pompeji wiederentdeckt, Ausstellungskatalog, Rom 1993, S. 133.

Terentius Neo und seine Gemahlin, Fresko aus Pompeji, S. 16
Das Bild wurde in einer kleinen Nische, die zum Atrium offen war, gefunden. Das Haus grenzt an eine Bäckerei in Pompejis Zentrum, nicht weit vom Forum entfernt, und stellt den Besitzer der Bäckerei und seine Frau dar.
a) Beschreiben Sie das Äußere der dargestellten Personen.
b) Wie wirken die Personen auf den Betrachter?
c) Weshalb ließen sie sich gerade so abbilden?

Quelle:
Meisterwerke der Antike aus dem Archäologischen Nationalmuseum Neapel, Die großen Sammlungen II, Kunst- und Ausstellungshalle der Bundesrepublik Deutschland, 17. Februar bis 5. Juni 1995, S. 130–131.

Stilistischer Anhang

Die sprachlichen Mittel, um eine Aussage besonders wirkungsvoll zu gestalten und mit ihr auf den Hörer Einfluss zu nehmen, sind vielfältig. Viele davon gebrauchen wir unbewusst. Die antike Rhetorik lehrte ihre bewusste Anwendung.
Die Kenntnis der einzelnen Mittel und ihrer Bezeichnungen hilft, einen Text auf die Wirksamkeit zu untersuchen und die Gründe für bestimmte Wirkungen zu finden.
Grundsätzlich kann man zwei Gruppen stilistischer Mittel unterscheiden:

1. **Tropen** (griechisch für *Wendungen*): Ein Wort wird durch ein anderes ersetzt, das Gemeinte wird also nicht durch das nächstliegende Wort bezeichnet, sondern durch andere Formulierungen, die eine bestimmte Stimmung erzeugen.

2. **Figuren:** Mehrere Wörter, also Wortgruppen oder Sätze, werden anders, als es einfachster Ausdrucksweise entspräche, formuliert. Dabei gibt es:
   - Stellungsfiguren: sie werden durch eine kunstvolle Anordnung der Wörter erreicht;
   - Sinnfiguren: sie werden durch kunstvolle Wortwahl und Satzgestaltung erreicht.

1. Tropen

1 **Metapher** (Übertragung): Ein Wort wird durch ein anderes ersetzt, das mit diesem in einem Vergleichsverhältnis steht. Das neue Wort ist somit in einen uneigentlichen Bereich übertragen, d.h. in einen Bereich, in den es eigentlich gar nicht gehört. Ein Feuer ergriff ihn, statt: Eine Leidenschaft ergriff ihn (nämlich: wie ein Feuer).
Text 15, 3: *viridis ... annos,* die grünenden Jahre, statt: die jungen Jahre.

2 **Metonymie** (Wortvertauschung): Ein Wort wird durch ein anderes aus dem gleichen Sachbereich ersetzt. Ersetztes und ersetzendes Wort können in vielerlei Beziehungen stehen, unter anderem:
a) Person – Sache: Text 4, 6: *causidicum medio cum faber aptat equo,* wenn der Schmied den Redner, statt: die Statue des Redners, auf dem Rücken des Pferdes befestigt.
b) Material – Erzeugnis: Text 22, 5: *ferrum,* Eisen, statt: Schwert.

3 **Synekdoché** (mit einem Wort zusätzlich noch etwas anderes meinen): Ein Wort bedeutet mehr oder weniger als normal. Am häufigsten ist die *pars pro toto,* ein Teil für das Ganze. Er griff zur Klinge, statt: zum Schwert.
Text 4, 2: *invisum ... caput,* verhasstes Haupt, statt: verhasster Mensch.

4 **Litótes** (Schlichtheit): abmildernde Umschreibung mit Hilfe einer Verneinung: nicht schlecht statt, je nach Zusammenhang, ziemlich gut oder sehr gut.
Text 16, 3: *Nullum non hominum genus concurrit in urbem,* Menschen jeden Schlags treffen in der Hauptstadt zusammen.

5 **Hyperbel** (Übertreibung): Straßenkreuzer (statt: großes Auto).
Text 22, 3: *quidquid ante pugnatum est, misericordia fuit,* alle Kämpfe, die zuvor stattfanden, waren Barmherzigkeit, statt: waren viel weniger grausam. Durch die Übertreibung wird die Grausamkeit der Kämpfe, die im Folgenden dargestellt sind, besonders betont.

6 **Ironie** (Verstellung): feiner, versteckter Spott, der eine Sache lächerlich macht unter dem Anschein, sie ernst zu nehmen.
Text 4, 9: *Vicini somnum – non tota nocte – rogamus,* wir Nachbarn bitten um Schlaf – nicht für die ganze Nacht, gemeint ist: wir würden gerne die ganze Nacht schlafen, aber ...

2. Figuren

Stellungsfiguren

Figuren der Wortverbindung

7 **Asýndeton** (Unverbundenheit): Mehrere gleichgeordnete Satzglieder oder Sätze werden unverbunden (ohne Konjunktion) nebeneinander gestellt: Schaffe, schaffe, Häusle baue.
Text 1: *muto, accipio panem candidum, olivas, caseum, caricas, nuces,* ich ziehe mich um, bekomme weißes Brot, Oliven, Käse, Feigen, Nüsse.

8 **Polysýndeton** (vielfache Verbindung): Zwischen gleichgeordneten Satzgliedern oder Sätzen wird das Verbindungswort mehrfach wiederholt: Meine Töchter führen den nächtlichen Reihn und wiegen und tanzen und singen dich ein.
Text 11, 5: *sermone uti vel modesto vel molli vel procaci,* »ein Gespräch bald zurückhaltend, bald locker, bald frech führen«.

9 **Hendiadyoín** (Eins durch zwei): Zwei Begriffe, von denen der eine dem anderen inhaltlich untergeordnet oder zugeordnet sein kann, werden formal gleichgeordnet; so werden zwei gleichberechtigte Aspekte eines Vorgangs oder einer Sache gezeigt: bitten (Sachgehalt) und betteln (äußere Form) = unablässig bitten.
Text 18: *privata iudicia arbitriaque,* private Entscheidungen in Rechtsfragen.

10 **Enumeratio** (Aufzählung): Die Figuren Nr.(7)–(9) kommen häufig in katalogartigen Aufzählungen vor; vgl. z.B. Text 12.

Figur der Worteinsparung

11 **Ellipse** (Auslassung): Ein Wort, das bei normalem Satzbau gesetzt wird, wird ausgelassen: Wie der Herr (*erg.* ist), so's Gescherr!
Text 12: *Quales illic homunculi,* was für arme Geschöpfe waren dort.

Figur der Worthäufung

12 Klimax (Leiter): Anordnung von Wörtern oder Sätzen mit beständiger Steigerung des Aussageinhalts: Ich kam, ich sah, ich siegte *(veni, vidi, vici).*
Text 17, 5: *mane, nocte, die toto,* morgens, nachts, den ganzen Tag über.

Figuren der Wortwiederholung

13 Anapher (Wiederaufnahme): nachdrückliche und gliedernde Wiederholung eines Wortes oder einer Wortgruppe am Anfang von Sätzen oder Satzabschnitten: o sing uns ein Märchen, o sing es uns oft!
Text 16, 2: *alios adduxit ambitio, alios necessitas officii publici, alios inposita legatio, alios* ..., die einen führte der Ehrgeiz hierher, andere die Verpflichtung einer öffentlichen Aufgabe, andere eine Gesandtschaft, die ihnen auferlegt wurde, andere ... .

14 Polýptoton (Vielendigkeit): Wiederholung desselben Wortes mit verschiedenen Endungen: Das Beste vom Besten.
Text 11, 3: *ut saepius peteret viros quam peteretur,* dass sie öfter Männer verlangte, als sie selbst verlangt wurde.

15 Paronomasie (Wortumbildung): Wortspiel mit Wörtern, die gleich oder ähnlich lauten, aber verschiedene Bedeutung haben: Eile mit Weile.
Text 4, 10: *vigilare leve est, pervigilare grave est,* leicht ist es, wach zu sein, aber die Nacht durchzuwachen, ist schwer.

Figuren der Wortstellung und des Satzbaus

16 Parallelismus (Übereinstimmende Anordnung): Zwei oder mehr Satzabschnitte oder Sätze werden nach dem gleichen Schema (d.h. mit identischer Abfolge der Satzglieder) gebaut: Reden ist Silber, Schweigen ist Gold.
Text 22, 4: *Mane leonibus et ursis homines, meridie spectatoribus suis obiciuntur,* Morgens werden die Menschen den Löwen und Bären, mittags ihren Zuschauern vorgeworfen.

17 Chiasmus (Kreuzstellung): Zwei Satzabschnitte oder Sätze werden spiegelbildlich gebaut, d.h. der zweite hat die umgekehrte Abfolge der Satzglieder wie der erste: Die Kunst ist lang, kurz ist unser Leben.
Text 22, 5: *latrocinium fecit aliquis,*
occidit hominem

18 Antimetabolé (wechselseitige Vertauschung): Zwei Satzabschnitte werden so gebaut, dass sie im Satzbau übereinstimmen, von den verwendeten Begriffen her aber ein (inhaltlicher) Chiasmus entsteht. Dadurch ergibt sich eine witzige oder geistreiche Formulierung: Nicht um zu essen, leben wir, sondern um zu leben, essen wir.
Text 4, 11–12: *Vis, garrule, quantum accipis, ut clames, accipere, ut taceas,* willst du, Schwätzer, so viel Geld, wie du fürs Schreien bekommst, fürs Schweigen bekommen?

19 Hypérbaton (Hinüberspringen): Trennung zweier syntaktisch zusammengehöriger Wörter, vor allem des Attributs von seinem Bezugswort; dadurch wird eine Betonung des im Satz nach vorn gerückten Wortes und eine Spannung auf das noch zu erwartende zweite Wort bewirkt: Der Worte sind genug gewechselt.
Text 4, 2: *invisum ... caput.*

20 Klangwirkungen durch Anordnung der Wörter:

a) **Homoiotéleuton:** mehrere Wörter hintereinander haben die gleiche Endung.
Text 16, 2: *ex municipi**is** et coloni**is** su**is**.*

b) **Alliteration:** mehrere Wörter hintereinander beginnen mit demselben Buchstaben.
Text 11, 4: ***c**reditum ... **c**aedis **c**onscia.*

Sinnfiguren

21 Antithese (Gegensatz): Ein Gedanke wird durch Gegensätze (Gegensatzpaare) deutlich gemacht: Das ist nicht Mut, sondern Feigheit.
Text 14, 7: *in cubiculo vir, in convivio puer est,* im Schlafzimmer ist er ein Mann, beim Gelage ein Knabe.

22 Rhetorische Frage (nur formale Frage): Eine Aussage wird als Frage formuliert, eine Antwort wird nicht erwartet, sie ist jedem klar: Wer wüsste nicht ...? = Jeder weiß ...
Text 22, 4: *Quo munimenta? Quo artes?* Wozu auch der Schutz? Wozu die Fechtkunst?

23 Ausrufe: Innerhalb einer Äußerung wird ein Ausruf eingefügt, um die Wirkung und die Darstellung der inneren Bewegtheit zu steigern.
Text 22, 5: *Age, ne hoc quidem intellegitis ...,* Nur zu! Nicht einmal das seht ihr ein ...

24 Parádoxon (entgegen der Erwartung): Ein ungewöhnlicher Sachverhalt wird durch einen scheinbar widersprüchlichen Satz verdeutlicht.
Text 14, 8: *quot ex istis dominos habet!* wie viele von diesen (*erg.* Sklaven) hat er zu Herren.

25 Oxýmoron (witzige Pointe): Zusammenstellung einander widersprechender Begriffe: beredtes Schweigen.
Text 17, 21: *rus in urbe,* ein Landgut in der Stadt.

Metrischer Anhang

Ein Vers ist die rhythmische Abfolge langer (–) und kurzer (◡) Silben. Eine sich wiederholende Einheit aus Längen und Kürzen heißt Metrum.

1. Wann ist eine Silbe lang?

a) von Natur aus, d.h. sie enthält einen langen Vokal *(ā, ē, ī, ō, ū)*; lang sind ferner alle Diphthonge (= Doppelvokale): *ae, au, ai, eu, oe, oi.*

b) durch Position, d.h. auf einen kurzen Vokal folgen zwei Konsonanten wie in *sicci.* Das erste *i* ist kurz; dennoch zählt die Silbe als lang, weil zwei Konsonanten *(cc)* folgen. Zur Positionslänge kommt es im Allgemeinen nicht bei Aufeinanderfolge von Mutae (stummen Verschlusslauten): *b, p, d, t, g, c* und Liquidae: *l, m, n, r.*
x (= *ks*) und *z* (= *ds*) gelten meist als Doppelkonsonant.

2. Zusammentreffen eines Vokals am Wortende mit einem Vokal am Anfang des nächsten Wortes

a) In diesem Fall wird der auslautende Vokal ausgestoßen (Elision): *acciper~~e~~ ut*

b) Auch *-am, -em, -im, -om, -um* werden ausgestoßen, wenn das nächste Wort mit Vokal beginnt: *qu~~em~~ in*

c) Der anlautende Vokal des zweiten Wortes wird nicht gesprochen, wenn das zweite Wort eine mit *e* beginnende Form von *esse* ist (Aphärese): *condicio ~~e~~st*

3. Der daktylische Hexameter

besteht aus 6 Daktylen. Ein Daktylos setzt sich aus einer betonten Länge und zwei unbetonten Kürzen zusammen (–́ ◡ ◡). Die beiden Kürzen können jeweils durch eine Länge ersetzt werden (–́ ◡◡ mit Länge darüber). Das vorletzte (fünfte) Metrum ist meist ein reiner Daktylos (–́ ◡ ◡). Im sechsten Metrum ist die zweite Hälfte eine Kürze oder Länge (–́ ◡ mit Länge darüber):

–́ ◡◡	–́ ◡◡	–́ ◡◡	–́ ◡◡	–́ ◡ ◡	–́ ◡
1.	2.	3.	4.	5.	6.

Hóc iacet	ín tumu	ló rap	tús pue	rílibus	ánnis
– ◡ ◡	– ◡ ◡	– –	– ◡◡	– ◡ ◡	– –

4. Das Elegische Distichon

Dieser vor allem in Elegien vorkommende Zweizeiler besteht aus einem Hexameter und einem Pentameter. Der Pentameter ist ein Hexameter, dessen drittes und sechstes Metrum jeweils nur aus einer Länge besteht. In der Mitte treffen zwei betonte Silben aufeinander (vgl. Text 4 (S. 15), 15 (S. 28), 24 (S. 38), 25 (S. 39):

Hóc iacet ín tumuló raptús puerílibus ánnis

–́ ⏕ | –́ ⏕ | –́ ‖ –́ ⏑⏑ | –́ ⏑⏑ | –́
1. | 2. | 3. ‖ 4. | 5. | 6.

Pántaga|thús, domi|ní‖cúra do|lórque su|í
– ⏑⏑ | – ⏑⏑ | – ‖ – ⏑⏑ | – ⏑⏑ | –

5. Der Hinkjambus

Auf fünf Jamben (⏑ –́) folgt eine erneute Betonung, sodass der Vers »hinkt« (vgl. Text 17, S. 30):

⏓–́ ⏑–́ ⏓–́ ⏑–́ ⏓–́ –́⏓

Cur saépe sícci párva rúra Nóménti
– – ⏑ – – – ⏑ – ⏑ – – –

Zeittafel

Geschichtliche Daten		Autoren / Texte der Ausgabe	
264–241 v. Chr.	1. Punischer Krieg Sizilien wird römische Provinz	234–149 v. Chr.	Cato
218–201 v. Chr.	2. Punischer Krieg Rom beherrscht das westliche Mittelmeer		
149–146 v. Chr.	3. Punischer Krieg Eroberung Karthagos		
146 v. Chr.	Zerstörung Korinths		
133–121 v. Chr.	Reformen der Gracchen	106–43 v. Chr.	Cicero
88–82 v. Chr.	Bürgerkrieg Marius – Sulla	86–35 v. Chr.	Sallust
82–79 v. Chr.	Sulla Diktator		
73–71 v. Chr.	Sklavenaufstand unter Spartakus	65 v. Chr. – 8 n. Chr.	Horaz
63 v. Chr.	Cicero Konsul Verschwörung Catilinas		
60 v. Chr.	1. Triumvirat: Caesar, Pompeius, Crassus	1. Jh. v. Chr.	Vitruv
58–51 v. Chr.	Eroberung Galliens		
49–46 v. Chr.	Bürgerkrieg Caesar – Pompeius		
44 v. Chr.	Ermordung Caesars Bürgerkrieg	43 v. Chr. – 18 n. Chr.	Ovid
31 v. Chr.	Sieg Oktavians bei Aktium		
27 v. Chr. – 14 n. Chr.	Herrschaft des Augustus	4 v. Chr. – 65 n. Chr.	Seneca

Geschichtliche Daten		Autoren / Texte der Ausgabe	
14–68 n. Chr.	Herrschaft der julisch-claudischen Kaiser:	1. Jh. n. Chr.	Columella
	Tiberius bis 37 n. Chr.	1. Jh. n. Chr. (gest. 66)	Petron
	Caligula bis 41 n. Chr.		
	Claudius bis 54 n. Chr.		
	Nero bis 68 n. Chr.	40–104 n. Chr.	Martial
69–96 n. Chr.	Herrschaft der flavischen Kaiser:	60–130 n. Chr.	Juvenal
	Vespasian bis 79 n. Chr.		
	Titus bis 81 n. Chr.		
	Domitian bis 96 n. Chr.		
98–180 n. Chr.	Herrschaft der Adoptivkaiser:	2. Jh. n. Chr.	Apuleius
	Hadrian bis 138 n. Chr.		
	Antoninus Pius bis 161 n. Chr.		
	Mark Aurel bis 180 n. Chr.		
193–283 n. Chr.	Soldatenkaiser	um 200 n. Chr.	Hermeneumata Pseudodositheana
284–305 n. Chr.	Diokletian		
312–337 n. Chr.	Konstantin		
379–395 n. Chr.	Theodosius	351–430 n. Chr.	Augustinus
391 n. Chr.	Christentum wird Staatsreligion		
395 n. Chr.	Teilung des Römischen Reichs		
410 n. Chr.	Einnahme Roms durch die Westgoten		
476 n. Chr.	Ende des Weströmischen Reichs		

Abkürzungen

Abl.	Ablativ	A	Arbeitsauftrag / Arbeitsaufträge
Adj.	Adjektiv	B	Begleittext / Begleitmaterial
Adv.	Adverb	d.h.	das heißt
Akk.	Akkusativ	d.i.	das ist
altl.	altlateinisch	erg.	ergänze
Dat.	Dativ	etw.	etwas
f.	femininum	f. (ff.)	und folgende (Seite/n)
Fut.	Futur	jd.	jemand
Gen.	Genitiv	jdm.	jemandem
Gen. part.	Genitivus partitivus	jdn.	jemanden
Imp.	Imperativ	jds.	jemandes
Ind.	Indikativ	Jh.	Jahrhundert
Inf.	Infinitiv	LWS	Lernwortschatz
Konj.	Konjunktiv	n. Chr.	nach Christus
m.	maskulinum	S.	Seite
n.	neutrum	s.	siehe
Part.	Partizip	St	Stilistischer Anhang
Pass.	Passiv	v. Chr.	vor Christus
Perf.	Perfekt	vgl.	vergleiche
Pl.	Plural	z.B.	zum Beispiel
Präs.	Präsens		
Subj.	Subjekt		
Vok.	Vokativ		